动物小说大王沈石溪·品藏书系

DONGWUXIAOSHUODAWANGSHENSHIXI
PINCANGSHUXI

混血豺王

沈石溪 著

浙江少年儿童出版社

目录 MULU

精彩提示

亲爱的读者，如果你已经看过“动物小说沈石溪·品藏书系”中的长篇动物小说《双面猎犬》，“精彩提示”的文字，你就可以省略不看，将视线跳跃过去，直接欣赏后面的章节；但假如你没有读过《双面猎犬》，那么下面的这些文字则应仔细阅读。

《双面猎犬》讲述的是这样一个故事：

在滇北高原的日曲卡雪山，一只名叫洛戛的公猎狗，在怒江边追逐一只名叫达维娅的母豺。正值洪汛期间，怒江里漂浮着一棵棵从上游被洪水冲刷下来的大树。母豺达维娅慌不择路，跳进停浮在岸边的一棵珍珠栗树，猎狗洛戛也紧跟着跳了上去。就在这时，珍珠栗树漂离江岸，被激流推往江心。

狗和豺水性都很一般，不敢跳到波涛汹涌的怒江泅渡回岸，只好乘坐在珍珠栗树上随着滚滚洪流驶向下游。珍珠栗树在浪峰谷底穿行，为了活命，洛戛和达维娅只能紧紧依靠在一起，以免被剧烈的颠簸抛进江去。

两天两夜后，珍珠栗树终于在远离日曲卡雪山的一个名叫野猴岭的地方再度泊岸。

为了生存，猎狗洛戛与母豺达维娅只有互相依靠，互相协作，共同狩猎。它们战胜了诡计多端的猴群，建立起温馨的小家庭。不久，母豺达维娅怀孕了。

就在临产前，猎狗洛戛的主人——猎户寨村长阿蛮星突然出现在野猴岭，隔着怒江呼唤洛戛。对主人无限忠诚的洛戛立刻抛妻弃子，前往吊索桥与阿蛮星相会。

母豺达维娅恼羞成怒，趁洛戛与主人在摇晃的吊索桥上相会之际，突然从背后蹿上来，将洛戛从桥上撞下浊浪翻滚的怒江。猎狗洛戛死于非命。母豺达维娅侥幸躲过猎枪子弹，回到阔别两个多月的埃蒂斯红豺群。半个月后，母豺达维娅产下一只雄性幼崽，取名白眉儿。

达维娅产下白眉儿不久，便一病不起。为了能让出生仅半个月的白眉儿在自己死后仍能活下去，达维娅在生命的最后时刻，巧设毒计，将母豺黑蝴蝶所生的一双儿女害死，并将幼豺风笛的尸体塞在自己事先挖好的土坑里。它用身体严严实实地盖住土坑，把谋杀小风笛的秘密掩埋在自己身体底下，瞒天过海，让蒙在鼓里的母豺黑蝴蝶心甘情愿地做了白眉儿的养母。

达维娅以为自己为白眉儿扫清了生存障碍,放心地咽下了最后一口气。

不幸的是,半个月后,有“森林殡葬工”之称的秃鹫飞临埃蒂斯红豺群,啄食达维娅的尸体,就像突然打开了盖子一样,小风笛的残骸暴露出来,达维娅生前罪恶的谋杀也暴露在光天化日之下。母豺黑蝴蝶立刻中止抚养白眉儿,整个豺群也都把白眉儿当做异己和罪孽。白眉儿受尽白眼、鄙夷、欺凌和屈辱,在苦难的煎熬中一天天长大,成为埃蒂斯红豺群排序最末端的“苦豺”。

白眉儿虽然是豺群中地位最低的“苦豺”,但它是优秀猎狗和母豺结合的产物,具有明显的杂交优势,身材高大健硕,在普通豺面前犹如鹤立鸡群。这引起了豺王夏索尔的猜疑和嫉恨,几次三番陷害它,欲置它于死地而后快。白眉儿凭借着优秀的身体素质和高超的狩猎技艺,一次次化险为夷。然而,豺王夏索尔的阴谋层出不穷,白眉儿防不胜防,终于不幸掉进豺王夏索尔设置的圈套,被无情地逐出豺群,成为一匹无依无靠的流浪豺。

白眉儿吃了上顿愁下顿,日子过得比黄连还苦。为了活命,它无奈地接受了一位名叫苦安子的山民扔给它的食物,做了猎户寨的猎狗。它巧妙地掩饰自己身上豺的行为和特征，尽可能展示自己身上狗的特性，希望能做一条在猎场上纵横驰骋的好猎狗。但命运并未能成全它，它的主人苦安子是个酒鬼，逼迫它去偷鸡，成了可耻的偷鸡贼。终于有一天，它在偷鸡时被愤怒的村民当场抓获。作为惩罚，它只得被主人牵到市场上，脖子上插上两根稻草当做菜狗出售。

就在白眉儿即将被狗贩子用枣木棍砸断鼻梁毙命时，猎户寨村长阿蛮星出手救了它。它换了主人，成了阿蛮星家的猎狗。它机智地抓住了真正的偷鸡贼——狡猾的红狐，洗清了蒙在自己身上的冤屈。在一次狩猎中，它以灵敏的嗅觉、丰富的丛林生活经验和出色的狩猎技艺，技压群犬，独占鳌头，猎获了一只珍贵的猞猁，成为猎户寨最优秀的猎犬。

主人阿蛮星把象征着荣誉和地位的一副镶嵌着闪闪发亮铜钉的护脖儿从老黑狗的脖颈上解下来，戴在了白眉儿的脖颈上。白眉儿从此成为猎户寨猎狗群的首领。

看起来，白眉儿苦尽甘来，过上了深受主人宠爱的幸福的猎狗生活。然而，它血管里流的一半是狗血，一半是豺血，这就决定了它的命运之舟不可能风平浪静。更大的生死考验，更大的情感磨难，正在等着它——

第一章　雨裂沟里的秘密

春光明媚，山林一片翠绿。

山间小路上，戴着漂亮的护脖儿的白眉儿迈着轻快的步子，小跑着。主人阿蛮星用细麻绳牵着老黑狗，跟在它的后面。

两条猎狗跟着同一个主人到日曲卡山麓狩猎。

天气很好，一缕缕阳光透过树梢的新叶洒向大地，乳白色的晨岚在树间袅绕。白眉儿的心情比天气更好，容光焕发，精神抖擞。自从去年初冬它投靠人类后，历尽艰辛，历尽磨难，终于苦尽甘来了。成功猎杀猞猁后，阿蛮星对它的宠爱更是一天浓似一天，不仅顿顿有荤腥，闲下来时还常常把它搂进怀里，深情地抚摸。白眉儿是知甘苦的狗，很珍惜主人对自己的这份情谊，打猎时格外卖力，次次都冲在头里，回回都不落空。主人脸面有了光彩，对它就愈加疼爱。有时它兴趣来了，还会独自进山，叼回只野兔或狗獾什么的，喜得主人眉开眼笑，逢人便夸它是一条千金难买的好猎狗。

不仅主人对白眉儿越来越好，猎户寨的村民们也彻底改变了对它的看法，再没有人朝它吐口水瞪白眼，再也没有人踢它打它骂它是贼，再也没有人指指戳戳怀疑它是豺狼投的胎。它走到哪里，都会受到友好的欢迎，或者慷慨地扔给它一根骨头，或者慈善地赐给它一个微笑。尤其是巫娘，不知出于一种什么心理，见着它就要拿点好吃的喂它，一只田鸡，半块馅饼，硬往它嘴里塞，还用那串走兽髌骨做成的念珠在它头顶绕着圈圈，口中念念有词，说是给它开光，求山神猎神寨神保佑它永远平安。就连过去一贯欺负它的酒糟鼻，也转变了态度，见着它就跷起大拇指，表示称赞和问候。

在猎户寨的狗群里，它的境遇更是起了翻天覆地的变化，由一个落魄潦倒的可怜虫一跃成为灿烂的明星；地位扶摇而上，变成群狗的领袖，除了老黑狗黑虎外，所有的狗都对它服服帖帖，俯首称臣；那些过去欺凌过它的狗，现在见着它都会谄媚地朝它摇尾巴，它本来就身躯高大，相貌堂堂，一表狗才，如今配上一副闪闪发亮的护脖儿，更显得仪表俊美，神气十足，站在狗群里，有一种君临天下的感觉。最让它得意的是赢得了巫娘家那条名叫冰冰的白母狗的爱心。冰冰唇吻上翘，双目细长，脖颈光滑风骚，身段丰满，尤其是臀部，浑圆如磐，饱含刚刚成熟的雌性的韵味，用狗的标准来衡量，算得上一条绝顶美狗。冰冰青春年华，含苞欲放，寨子里很多公狗都对它垂涎三尺，黏黏糊糊想贴上去占便宜，但冰冰就像它的名字一样，见到热情如火的公狗，便将那根漂亮的白尾巴紧紧盖在两胯之间，嘴脸冷如冰霜，摆出一副神圣不可侵犯的凌然姿态。冰冰过去对白眉儿的态度也十分恶劣，像监视囚犯似的监视它，如今却主动和它修好，有事没事陪伴在它身旁，态度柔顺乖巧得就像只猫。俗话说，雌性是雄性的一面镜子，白眉儿从冰冰身上看到了自己的魅力与风采。

白眉儿在山路上小跑着，不时回头用充满感激的眼光望阿蛮星一眼。它知道，自己能有今天，全靠主人的栽培。村长的爱犬，本身就有一定的地位和权势，再加上它忠贞骁勇的品性，才会越来越受到村民们的喜爱和狗群的拥戴。假如没有主人的信赖和理解，它早就从这个世界上消失了。它时时怀有一种感恩图报的心情。它一面跑，一面竖起耳朵耸动鼻翼，用灵敏的听觉和嗅觉在静谧的山林间搜寻，希冀能发现有价值的猎物，让主人满载而归，让主人高高兴兴。

登上一道山梁，突然，白眉儿看见前面林子里闪过一个红影子，好像是匹豺。主人的视力也很好，也同时看见了，立刻喝道："白眉儿，是恶豺，快追!"

主人的语调里充满了对豺的厌恶与憎恨。

白眉儿不敢怠慢，立即像股疾风朝前面那匹豺蹿过去。

山林里飘着薄薄的雾岚，白眉儿只望得见前面那匹豺朦胧的身影，无法看清究竟是谁。但它很清楚，自己正在追撵埃蒂斯红豺群中某一个成员。它闻到的就是它十分熟悉的埃蒂斯红豺群的气味；这一带是埃蒂斯红豺群的活动领地，不会有其他豺群的踪迹。

它并没有因为正在逃亡的猎物是埃蒂斯红豺群中的一员而放慢自己的速度，恰恰相反，它比平常的狩猎更加卖力，穷追猛撵，恨不得立刻就把前面那匹豺扑倒咬翻。

它已决心做条好猎狗了，当然要和豺彻底决裂。对它来说，埃蒂斯红豺群里没有温馨的回忆，没有丝毫值得留恋的地方。回想起过去在埃蒂斯红豺群里的生活，那简直就是一场用黄连浸泡的噩梦。大冬天它被豺群驱赶出境，还差点被豺王夏索尔咬死。它和埃蒂斯红豺群之间有的只是仇恨。因此，猎杀埃蒂斯红豺群的成员，对它来说，没有任何情感上的障碍。人类温暖的火塘，主人亲切的抚摸，已经彻底改造了它豺的灵魂，塑造了全新的狗的灵魂。它现在过的是没有饥饿也没有寒冷的日子，要地位有地位，要荣誉有荣誉，要伙伴有伙伴，还有一位称心如意的好主人，是世界上最幸福的狗了。它十分满意自己现在的猎狗生活，这辈子不可能再回埃蒂斯红豺群去做一匹豺了。它不再是豺，而是与豺没有任何瓜葛的猎狗。猎狗捉豺，天经地义。它没有什么好犹豫的。

捕捉一匹豺，对白眉儿来说，意义十分重大：当它把过去的同类当做猎物去追捕去噬咬，其实就是一个灵魂的净化过程，用行动证明自己从心灵到外表都是地地道道的狗；还有一个附带的好处，就是可以彻底打消老黑狗对它的怀疑。不知怎么搞的，整个猎户寨的人和狗都对它转变了看法，唯独老黑狗仍用对待暗藏的异己分子的态度对待它，总是对它毛尖上那层豺的红艳，吹毛求疵，总是对它身上残留的豺的气味，揪住不放，总把它视为豺的奸细，看做混血的怪胎。假如它当着老黑狗的面咬断一匹豺的颈椎，就可向老黑狗表明自己已同豺划清了界线，经历了血的洗礼，狗的灵魂也就定型了，再也不可能逆转了。

很快，白眉儿与豺的距离越缩越短，只差几步远了。

前面是一片早已凝固的泥石流，怪石嶙峋，石与石之间的泥沙里长着一束束狗尾草，中央部位有一条长长的雨裂沟。

那匹豺丧魂落魄，慌不择路，一头钻进雨裂沟去。

雨裂沟很窄，但有点深。

看来，这匹被它追撵的豺生性愚钝，缺乏在危急关头应变的能力。钻进雨裂沟，无疑是死路一条。雨裂沟没有第二个出口，再深也有尽头。假如是虎或豹在追撵，躲进雨裂沟算是一种良策，因雨裂沟很窄，大型猛兽钻不进来。但用同样的办法对付狗就不灵了，狗的形体与豺大同小异，豺能钻的地方，狗也能钻。它白眉儿虽说身坯高大些，但也不妨碍钻雨裂沟。

倒霉的豺逃到雨裂沟底端，无路可逃了。穷途末路，便不顾一切地回转身来，龇牙咧嘴低声啸叫，摆出一副困兽犹斗状。

白眉儿不紧不慢地靠拢去。虽然雨裂沟里光线很暗，它还是看出被它逼进死胡同的是一匹体格并不强壮的母豺。它一条猛犬，要对付一匹母豺，是绰绰有余的。主人和老黑狗正往这里赶来，它有主人做靠山，有猎枪衬底，在这场较量中占着绝对优势。它不用费太大的力气就可制伏眼前这匹母豺。

豺惊慌地盯着它，准备应付最后的搏杀。

太阳冉冉升起，一束阳光把黑黢黢的雨裂沟照得通亮，把那张豺脸照得一清二楚。

母豺头上的毛有点灰暗，就像一只在黑泥里滚过的红浆果，下巴颏豁了一个口子，成了兔嘴，不时有唾液从豁口流淌出来，像吊着一根白线。这是一张十分丑陋的豺脸，却也是白眉儿无法忘怀的豺脸。

它可以毫无顾忌地咬死埃蒂斯红豺群中任何一匹豺，

唯独眼前这匹母豺是例外。

这匹母豺因其生理上的明显缺陷，而取名叫兔嘴。兔嘴不仅嘴上有个 V 形豁口，那身豺毛也像患过疥疮似的癞秃斑驳，十分难看；嗓门喑哑，即使表示友好的嚣叫，也因声音变调，听起来像在同谁谩骂吵嘴。豺的社会崇尚力量，也讲究美，兔嘴长相丑陋，很不讨公豺喜欢，在豺群里地位低卑，长到五岁了，仍孑然一身；其他母豺在这个年龄，至少也是生育过一至两胎的母亲了；不是兔嘴有什么独身的怪癖，而是没哪匹公豺愿意同兔嘴踩背交尾。

这是被爱情遗忘的角落。

或许正因为如此，兔嘴与白眉儿有一段相依为命不同寻常的交往。可以这么说，要是没有兔嘴，它白眉儿极有可能活不到今天。

那是白眉儿还刚满半岁的时候，日曲卡山麓刮起了一场百年不遇的暴风雪。北风怒号，鹅毛大雪铺天盖地，奇冷无比。其他幼豺都蜷缩在母豺温暖的怀里，度过漫长的冬夜。白眉儿没有母豺，也没有窝，只能钻在树叶下过夜。

半夜，它被冻醒了，四肢僵木，瑟瑟发抖。它还是只幼豺，身上没有多少热气，再这样煎熬下去，不等雪霁天晴，它就会被冻成冰棍儿的。为了活命，它涎着脸，麻着胆，去钻别的豺窝。它只有钻进成年豺的怀里，才能免于被冻死。它先去钻黑蝴蝶的窝，黑蝴蝶像驱赶一条讨厌的蛇一样把它踢了出来。它又去钻罕梅占据的那个树洞，结果更糟糕，差点被咬伤鼻子。

天寒地冻，各窝成年豺照顾自己的孩子都来不及，谁还有心肠管一个没爹没妈的孤儿呀。

白眉儿吃了几次闭门羹，没有力气也没有勇气再去钻别的豺窝。它卧在没遮没拦的雪地里，凄凉地哀嗥着，等着死神降临。雪花很快把它盖了起来，像个隆起的小雪丘，更像个小小的坟冢。

它迷迷沌沌时，觉得有谁把它从积雪下叼了出来，不一会儿，一股暖意弥漫全身，仿佛钻进了太阳的怀抱。它睁开眼一看，哦，原来自己是在兔嘴的怀里。好心肠的兔嘴听到它的哀嗥，顶着风雪从栖身的石缝里出来，把它捡了回去。

它依偎在兔嘴的怀里，彻骨的寒冷消失了，它享受到了一种温馨的母爱。从此，每到夜晚，它都要摸到兔嘴的窝里来。

两匹孤苦伶仃的豺，成了相依为命的伴。

一直到它被豺王夏索尔粗暴地赶出豺群前，它和兔嘴都保持着这种亲密的关系。

这是它在埃蒂斯红豺群里唯一难以忘怀的情谊。

此时此刻，假如换了埃蒂斯红豺群任何一匹别的豺，白眉儿都会毫不迟疑地扑过去咬断对方的喉管，然后叼着半死不活的俘虏，钻出雨裂沟，送到主人阿蛮星跟前去邀功请赏。

可偏偏就是兔嘴！

不知怎么搞的，白眉儿身上猎狗的胆魄消失得无影无踪。它觉得浑身虚软，怔怔地望着面前的兔嘴，不知该怎么办才好。

唉，命运为啥总是与它作对呢！

兔嘴也认出它来，豺脸上惊恐的表情化作惊讶，不再朝后退缩，而是朝前跨了一步，耸动鼻翼来嗅闻它的脸颊。这是豺与豺久别重逢后互相识别的一种仪式。

白眉儿也耸动鼻翼闻了闻，兔嘴身上有股它十分熟悉的温暖气息，这气息曾经慰藉过它孤寂的心，暖醒过它被冻僵的身体。

懵懵懂懂，似乎又回到了昔日的豺群。

“汪——”山坡下传来一声狗吠。是老黑狗在叫，老黑狗是被主人牵在手里的，老黑狗到了，说明主人也到了。

白眉儿猛然被惊醒，从梦幻状态回到现实。它往后一跳，将自己的身体与兔嘴的身体脱离开。它是狗，怎么能出卖原则丧失立场与豺勾勾搭搭呢。它现在的幸福生活来之不易，应格外珍惜。过去的事就让它过去吧，重要的是现在；千万不能头脑发热，为了虚无缥缈的情感而损害现实利益，毁掉锦绣前程。现实一点，别玩虚的，它告诫自己。它要不徇私情为主人咬死兔嘴，它想，它这样做绝不是忘恩负义，而是狗立场的坚定，狗觉悟的提高，狗意识的飞跃。就算兔嘴曾经给过它养娘般的关怀与温暖，它也要大义灭亲。狗和豺的矛盾无法调和，狗和豺之间无法抹稀泥，它是代表人类对豺进行正义的审判！刹那间，它恢复了龇牙咧嘴的扑咬状。对不起了，兔嘴，你祷告吧。

白眉儿凌空跃起，像张天网罩在兔嘴身上。它用压倒一切的力量把兔嘴压倒在地，它的唇吻刺探进兔嘴的颈窝，尖利的犬牙叼住了兔嘴的喉管。这将是致命的噬咬。兔嘴没有挣扎，也没有反抗，定定地看着它，眼睛里有一丝哀怨。

挣扎也是白搭，反抗也是白搭，你算是死定了！

奇怪的是，感觉变味了。以往，它一旦叼住了猎物的喉管，便血液沸腾，产生一种如痴如醉的兴奋，但此刻，没有兴奋，倒觉得枯燥乏味，神经近乎麻痹了，仿佛不是叼着喉管而是叼着无生命的芦苇管。

不能跟着感觉走，它想，理性的选择高于感觉。它的行为是正义而崇高的，它不能动摇自己的信仰。它想合拢自己的嘴，将利齿嵌进兔嘴脆嫩的喉管去，完成最后的噬咬动作，可是……可是……它怎么也咬不下去，嘴无法合拢，丧失了噬咬的力量。

它真能这般狠心咬死兔嘴吗？要是没有兔嘴，它能熬得过漫长的冬夜吗？兔嘴给过它温暖的生，它真要还它冰凉的死吗？恩将仇报，比豺更豺了，是魔鬼，是蟊贼，是毛毛虫，天理难容。它还没有丧尽天良，它还没有寡廉鲜耻到无视一切道德准则的地步，它没法不拷问自己的灵魂。

不管做豺还是做狗，总要摸摸自己的良心。

它无可奈何地松开了嘴。

兔嘴从它爪下钻出来，抖抖身上凌乱的豺毛，脸色相当平静，紧挨着白眉儿，那豺脖颈还黏黏糊糊地伸过来，企望与白眉儿交颈厮磨呢。

这大概是在对变节者进行安慰吧。

雨裂沟外传来跫然足音，传来老黑狗嘶哑的吠叫声。

兔嘴意识到处境危险，又朝前跨了半步，几乎依偎到它白眉儿身上来了。白眉儿明白，兔嘴是想寻求保护，是想谋取生路。

唉，事情到了这个地步，帮忙帮到底，送佛送到西，奶奶的，即使前面是个臭水坑，也只好闭着眼睛跳一回了。

白眉儿用脑袋顶着兔嘴的腰，把兔嘴顶进雨裂沟底端一条土坎后面，并示意兔嘴蹲下来。

兔嘴很快领会了白眉儿的意思，闷声不响地藏了起来。

白眉儿立即回转身，蹿出雨裂沟。刚好，主人牵着老黑狗，顺着泥石流堆积成的缓坡爬了上来。白眉儿朝缓坡左侧一条幽深的小河沟吠叫个不停。那是在向主人传递信息，唔，那匹豺顺着小河沟逃跑了，主人，我们快追过去吧。那当然是假信息，白眉儿自从做了猎狗以后，还是第一次欺骗主人，心里惴惴不安。

阿蛮星什么也没察觉，转了个身，牵着老黑狗就准备顺着白眉儿指引的方向继续追撵。

白眉儿暗暗舒了口气，想不到诓骗人类那么容易。

突然间，节外生枝的事发生了。

老黑狗黑虎咆哮起来。

从动物的眼光看，人类的嗅觉真是糟糕透了，近在咫尺的气味也闻不出破绽，空长了一条鼻梁两只鼻孔。但这事瞒得过阿蛮星的鼻子，却瞒不过老黑狗的鼻子。老黑狗虽然老态龙钟，但毕竟是狗，嗅觉比阿蛮星要灵敏得多，走过那条雨裂沟时，它闻到里头有股豺的气味，心里一惊，停了下来，站在雨裂沟前，使劲耸动鼻翼——嘿，里头果真有股新鲜的豺的气味，那气味还凝结成一团呢。不难判断，那匹逃亡的恶豺此刻正蜷缩在这条雨裂沟的某个角落。"汪汪"，它朝白眉儿提醒式地叫了两声，小子，你别搞错了，这豺明明就在眼前这条雨裂沟里嘛！

白眉儿仿佛聋了似的，根本不理会老黑狗的提醒，还在阿蛮星面前蹿跳着，朝小河沟方向呜呜低声叫着，竭力怂恿主人快离开这里钻进小河沟去。

恶豺就在眼前这条雨裂沟里，白眉小子却执意要把主人引向小河沟，这是在搞什么名堂？老黑狗困惑地眨巴着眼睛，思忖道，是这白眉小子一时疏忽，没觉察到恶豺已逃进雨裂沟？不不，这不可能，再蠢笨的狗也不可能反应这般迟钝，连猎物逃跑的大方向也掌握不住；是这白眉小子嗅觉出了毛病？不不，也不可能，这家伙既没伤风感冒，也没鼻子堵塞，平时嗅觉比哪条狗都好，这条雨裂沟里冒出来的恶豺的气味那么浓烈那么新鲜，它黑虎这么大把年纪都一闻就闻出来了，白眉小子绝不可能闻不到的。那白眉小子为啥急不可耐地要把主人引向根本没有任何豺气味的小河沟去？这只有一种解释：白眉小子想包庇躲藏在雨裂沟里的恶豺，有意要把主人引入歧途！

突然间，老黑狗呼吸加快热血一个劲儿往脑门上涌，激动得浑身哆嗦。狗和豺自古以来就是敌对的两大阵营，正直的猎狗是绝不会去同情怜悯一匹豺的，只有豺才会帮豺。换句话说，白眉小子是豺，所以才会包庇豺的。看来，自己的怀疑是对的。它半年前第一眼看到白眉小子，就觉得这家伙气味不正，眼睛深处有一股豺的邪恶，就疑心它是豺娘养的种。它黑虎千方百计排斥它打击它，目的就是想要把异己分子清除出去，纯洁猎户寨的狗群。殊料这白眉小子狡诈无比，偷鸡被捉了现行，不仅没受到惩处，反而摇身一变，从酒鬼苦安子手里转到阿蛮星门下来了，七弄八弄，竟然成了猎户寨狗群的明星。

过去，阿蛮星闲坐在火塘边抽水烟筒时，总要把它黑虎揽进怀里，用布满茧花的粗糙的手掌抚摸它的脊背，还会逗它玩，将一把钥匙或一颗玻璃球之类的小玩意儿扔进墙角或床底，让它嗅着气味去寻找；当它叼着小玩意儿摇着尾巴回到主人身边时，主人就会笑着夸奖它两句，或者赏给它一根骨头。这种令狗陶醉的情趣自从白眉儿来后，就永远打了句号。现在，主人手掌抚摸的不再是它黑虎而是白眉儿，主人结实的胸怀和有力的臂弯里也只有白眉儿才有资格钻进去享受。

有一次，白眉儿不在家，主人坐在火塘边的马扎上咕噜咕噜抽烟，它突然一阵冲动，想重温旧梦，想钻到主人怀里去，再一次享受被抚摸的幸福。可它刚挨近主人，主人就极不耐烦地瞪了它一眼，挥挥手作驱赶状："去去，待一边儿去。"它不相信主人真会撵它，它想主人也许是在跟它闹着玩呢。它涎着脸硬往主人的两膝间钻，主人抬起脚来，在它胸肋上踢了一脚，沉着脸提高声音喝道："去，别来烦我。"它无法形容当时自己是一种什么样的心情，只觉得天旋地转，有一种坠入深渊的失重感。凭良心说，这一脚踢得并不重，轻飘飘软绵绵跟蹭痒差不多，胸肋并没任何疼痛的感觉，可它却觉得是在受酷刑。心灵的创伤和疼痛是无法估算的。对一条家犬来说，失去了主人的爱，活着还有多大意义呢。

更让它难受的是，过了一会儿，白眉儿从外面回来了，跨进木屋挨到主人身边，主人却让这豺娘养的蹲在他的两膝之间，亲密无间，共同享受火塘的温馨。它在一旁看得心痒眼馋，真恨不得当场把白眉儿踩进地底下去，自己好去顶替白眉儿的位置。

想起这段往事，老黑狗气得要吐血。可以这么说，这白眉小子的发迹史，就是它黑虎的落难史；这白眉小子的每一次得意，就是它黑虎的每一次失落；这白眉小子是踩着它黑虎的身体爬上去的。

最让它不能忍受的是，主人把它戴了十几年的那副镶嵌着铜钉的牦牛皮护脖儿摘下来戴到白眉小子脖子上去了，这等于废黜了它狗群领袖的资格。这以后，日子像顺吃甘蔗，一节不如一节甜。原先对它恭恭敬敬的公狗，见着它不再朝它摇尾巴，也不再按它的眼色行事。有一次，它好不容易从垃圾堆里找到一根还没啃干净的肉骨头，刚想吃，一条名叫驴蛋的大公狗冷不防从背后蹿上来，把它撞出三尺远，一口抢走了肉骨头。原先抢着向它献媚的母狗，见着它不理不睬，连尾巴也懒得朝它摇一下。走在路上，再没有人会丢食物给它吃。唉，落毛的凤凰不如鸡啊。

虽说是阿蛮星摘去了它脖子上那副漂亮的护脖儿，但它是狗，阿蛮星是主人，狗是无权责备主人的；它理所当然把这笔仇恨账记到白眉小子身上。它觉得自己和白眉儿前世有仇，天生的冤家对头。它是狗，无法把嫉妒升华到你好我比你更好这种现代境界，它的嫉妒只能处于我好不了也不能让你好这种原始水平。它把白眉儿恨到骨髓里去了。

它渴望着能报仇雪恨，当然，最绅士的做法，就是豁出老命和白眉儿决斗一场，把丢失的荣誉夺回来；可它虽然恨白眉儿恨得咬牙切齿，恨得头晕目眩，却并没丧失自知之明：这白眉小子年轻力壮，犬牙又尖又亮，爪子又细又长，能一口咬掉猞猁尾巴，实打实地硬拼，自己无论如何也不是对手。它老了，也不可能重新长一身锦缎般闪亮的狗毛，重新长一口洁白如玉石般的犬牙，重新长一双清亮如井水般的狗眼，重新长四条奔跑如疾风的狗腿，驰骋山林，猎取很多珍贵的野兽，重塑自己的光辉形象，夺回主人的宠爱。没办法，它只好把委屈藏在心里，韬光养晦，潜伏爪牙忍受，寄希望于白眉小子自我暴露自我毁灭。

它希望这家伙会得意忘形，尾巴翘到天上去，或者积习难改重犯偷鸡的毛病，或者仗势欺人去抢小孩手里的食物，或者恃强凌弱欺压其他猎狗，闹得天怨地怨人怨狗怨。遗憾的是，这家伙鬼得很，春风得意红得发紫了，也不翘尾巴，不但不偷鸡不抢小孩手里的东西不欺压别的猎狗，相反，愈发规矩愈发谦虚了，在寨子里无论见到谁都摇尾致意问候，对其他猎狗也客客气气彬彬有礼，给村民的印象越来越好，在狗群中的威信也越来越高。它黑虎差不多对今生今世还能否报仇雪恨已经绝望了。可突然间，这白眉小子就要露出豺的真面目了。

这就叫踏破铁鞋无觅处，得来全不费工夫。

黑虎想，自己只要让主人看见雨裂沟里藏着一匹恶豺，聪明的主人就立刻会明白事情的真相，识破白眉儿豺的本性。它晓得，主人曾经养过一条名叫洛戛的猎狗，就是让豺给害死的，因此主人对豺恨之入骨，决不会轻饶了混进狗群混到身边来的豺，说不定一怒之下会一枪崩掉白眉儿的脑袋呢。

窝藏罪犯的自己就是罪犯；包庇猎物的自己也应该变成猎物。

啊哈，除恶务尽，大快狗心。

白眉儿还在引诱主人朝小河沟方向追。

豺娘养的，想瞒天过海，没那么容易呢，老黑狗狠狠剜了白眉儿一眼，有我黑虎在，谁也甭想把主人当傻瓜蛋耍！

阿蛮星将手里的细麻绳朝小河沟方向牵拉着，示意老黑狗快走。

老黑狗梗着脖子，不动弹。

“怎么啦，黑虎，走不动啦？唉，你老喽，体力不行喽，真不该带你进山来的。好吧，走不动就慢慢走，好歹算是给我带个路吧。”

“汪汪汪，汪汪汪，汪汪汪。”老黑狗一个劲地吠叫。

主人，您误会了，我不走不是我没力气撵山狩猎，而是恶豺就躲在面前这条雨裂沟里。您老明鉴，不信的话，就将您的枪管捅进雨裂沟去崩它一枪，保证会有一匹满脸血污的豺大口大口喘咳着从硝烟中跌滚出来。

可惜，阿蛮星虽然养了一辈子狗，仍听不懂狗的语言。

“你叫啥呀，豺都让你给吓跑了。”阿蛮星埋怨老黑狗道，“瞧白眉儿，从不大声嚷嚷，咬起来凶得像只猎豹。”

白眉儿意识到老黑狗已发现了蹊跷，心急如焚。得赶快让主人牵着老黑狗离开此地，再待下去，怕要露馅呢。它跑过来叼住主人的一只裤腿，朝小河沟方向拖拽。主人，别在这里无谓地逗留了，别在这里浪费时间了，快走吧，不然豺就逃远了。

阿蛮星拽紧细麻绳，强迫老黑狗朝小河沟方向走。

细麻绳勒住老黑狗的脖子，憋得它十分难受，但老黑狗顽强地伫立着，一动不动，嘴朝着雨裂沟，“汪——汪——”发出一声声喊冤似的长吠。

“老杂种，你叫魂啊！”阿蛮星訾骂道。

老黑狗发疯般地又蹦又跳，竭力想挣脱细麻绳的束缚，一个劲儿地做出向雨裂沟扑击的姿势。无论如何，它也要让主人明了自己的用意。

“老家伙，你是在搞什么名堂嘛。”阿蛮星稍稍松弛了一下细麻绳，老黑狗猛地往前一蹿，阿蛮星拽不住，踉跄了两步，被带到雨裂沟前。老黑狗更来劲了，狂跳乱颠，频频噬咬，明显地表现出一种急不可耐想钻进雨裂沟去搏杀的心情。

白眉儿的长舌头燥热得就像含住火炭；狗没有汗腺，再着急也不会吓出一身冷汗；狗散热靠舌头，急火攻心时，也只能用舌头来排泄。它那颗狗心咚咚咚就像要跳出嗓子眼。假如事情败露，后果不堪设想。主人或许会把它当做暗藏在身边的豺，用铅弹击碎它的脑壳；或许会以为它是背信弃义与豺狼沆瀣一气的恶狗，而用长刀剁下它的狗头。

一瞬间，它后悔了。真的，它完全没必要萌发愚蠢的怜悯，沉溺感情的泥淖。要是救了母豺兔嘴而毁掉自己，那才亏大了。再说，一旦露馅，它好不了，兔嘴也跑不掉的。它是猎狗，一条猎狗为一匹母豺殉葬，怕会让森林百兽都笑掉大牙的。可是，后悔已经晚了。现在，它只有硬着头皮装蒜到底；但愿老天保佑，能让它蒙混过关。它竭力克制住自己激烈的心跳，装得若无其事的样子，在主人阿蛮星跟前溜达，不时朝小河沟发出一声短促的吠叫。

“这是怎么回事嘛？”阿蛮星看看激动万分的老黑狗，又看看镇定自如的白眉儿，困惑地皱起两条浓眉，“要是这雨裂沟里藏有猎物，白眉儿早就扑进去了嘛，还能让你黑虎来捡便宜？”

阿蛮星说着，弯下腰来比试了一下，雨裂沟太窄，他无法钻进去；里头太暗，啥也看不见。

老黑狗愈发疯癫，拼命朝雨裂沟里扑。

“不让你进去，看来你是死不瞑目了；好，你去，你去，我倒要看看你能掏出什么希罕来。”说着，他解开了老黑狗脖颈上的细麻绳。

老黑狗行动自由了，气势汹汹地蹿进雨裂沟去。

白眉儿一颠脚，跟着老黑狗钻进雨裂沟去。它不能在沟外无所作为地等待事情暴露。假如它在沟外听之任之，雨裂沟里很快会爆发一场狗豺大战，狗嚎声豺嚣声厮斗声会传出沟来，传进主人耳膜，那样的话，就无法再补救了。

“对对，白眉儿，你也跟进去看看，别让黑虎去咬毒蛇蝎子什么的。”

事后，白眉儿回想起来还禁不住有点害怕，要是当时它不灵机一动跟着老黑狗钻进雨裂沟，它的猎狗生涯绝对葬送掉了；幸亏它跟着老黑狗进去见机行事，这才转危为安。

老黑狗在雨裂沟里三蹿两蹿就跳到那条土坎前，冲着母豺兔嘴龇牙咧嘴地吠叫。

“汪汪汪”，你这恶豺，看你还能往哪里藏？

兔嘴惊慌失措，从地上弹跳起来，高耸起脊背，准备搏杀。

老黑狗凶狠的咆哮声，震得雨裂沟微微抖颤。

兔嘴那张丑陋的豺嘴开启宽宽一条缝，喉结滑动，眼看就要吐出一串凶猛的豺嚣了，白眉儿赶紧纵身一跃，越过老黑狗，跳到兔嘴面前，冷不丁将自己尖尖的嘴塞进兔嘴的唇齿之间。

千万别嚷嚷，你要是嚣叫，不但毁了你，也会葬送了我。

兔嘴很快明白了白眉儿的用意，后退一步，闭起嘴，缄默无声，缩在土坎下面。

现在，白眉儿夹在老黑狗和兔嘴中间。它已山穷水尽，没有回旋余地；倘若此时它反戈一击咬死兔嘴，为时也晚矣；主人或许会识破它欲盖弥彰的伎俩，或许会以为它是条嗅觉连老黑狗都比不上的笨狗。它不能再变来变去，不能在豺性和狗性之间再度彷徨犹豫。无论如何，这次它只能一条道走到黑了。

它面朝着老黑狗，眼光冷峻而严厉，沉默地用舌尖舔着牙尖；这形体语言十分明显，是含有威胁性质的警告，不许老黑狗靠近兔嘴，不许老黑狗伤害兔嘴。

老黑狗勃然大怒，更猛烈地吠叫起来，震得沟顶上的泥屑刷刷往下落。认豺为友，吃里扒外，卑鄙得令狗作呕！简直连狗屎都不如！它早就疑心这眉眼间有块醒目白斑的家伙是狗貌豺心，现在果真应验了。可惜的是，主人无法钻进雨裂沟来，亲眼目睹这铁的事实。它朝母豺刻毒谩骂，试图激怒母豺，让母豺发出尖声嚣叫；主人有丰富的狩猎经验，只要听到豺嚣，就能明辨是非曲直，猜出雨裂沟里的秘密。

比豺更可恶的白眉儿，竟及时阻止母豺张嘴嚣叫，暴露身份。

天底下再也没有比这更让狗气愤的事了。老黑狗七窍生烟，跃跃欲扑。它豁出去了，拼着一条老命也要把白眉儿的卑劣行径曝光在主人眼鼻底下。它清楚自己面对两个穷凶极恶的对手，可它不怕。它真理在握，它一身正气，它代表正义，它代表光明，它相信正气和真理一定能战胜邪恶和奸佞。它大义凛然地扑将上去，想咬住母豺的腿，拖出雨裂沟去，让罪恶受到公正的审判。

白眉儿陡地用两条后腿直立起来，挡住了它的扑击。

无耻的叛逆，我跟你拼了！

老黑狗张嘴朝白眉儿咬去，唉，毕竟年老体衰，腰腿不太灵便了，它不但咬了个空，反被白眉儿衔住一条后腿用力一掀，摔了个四足朝天。没等它翻爬起来，那该死的豁嘴母豺敏捷地跃过来，用力按住它的两条前肢，白眉儿则用身体压住它的腰部和后肢；它挣扎，但无济于事，像被压在两扇磨盘下，动弹不了；白眉儿湿漉漉的长舌头慢吞吞地舔它颈窝的绒毛，白森森的犬牙恶毒地在它喉管上摩擦；白眉儿眼光冷得像块冰，透露出汹涌的杀机。

你要干什么，想和豺合谋戕害一条忠诚的狗吗？

你放开呀，暗杀绑票讹诈之类的恐怖活动全世界都反对哩！

白眉儿不但没松劲，竟叼住了它的喉管，轻轻提起，在尖利的牙齿间碾磨搓揉。这纯粹是拿它的生命在玩耍。它的老命此刻拿捏在白眉儿的爪牙间了。一瞬间，它勇气顿消，骇怕得全身战栗。蝼蚁尚且贪生，狗比蝼蚁高级得多，当然爱惜生命。它现在被咬死了，主人也弄不明白它是怎么死的，或许还以为这是条深不见底的雨裂沟，它失足滑下去跌死了呢。主人钻不进来，不可能查看事故现场；白眉小子绝对会装出一副无限悲哀的样子，哄骗主人，让主人相信自己是无辜的。死得不明不白，死得稀里糊涂，死得莫名其妙，死得冤里冤枉，死了也不能揭穿白眉小子豺的真面目，这也实在太不划算了。

老黑狗软了下来，四肢抽搐，眼睛里泛起一片乞求的光。

再厉害的动物都有软和硬两面性，这是一种生存技巧。当遇到强有力的对手时，眼看求胜无望，就会做出各种各样求饶的姿态来，以博取对手的宽容。这种行为在种内斗争中尤为常见。生物学家把这种现象定名为“进化上的稳定策略”，简称宜斯策略。

老黑狗很懂得光棍不吃眼前亏的道理。

就在这时，雨裂沟外传来阿蛮星的呼叫：“白眉儿，黑虎，怎么在里头磨蹭半天还不出来，瞎折腾啥呀！”

啾啾呦呦，老黑狗从喉咙里发出一串呜咽。

“出来，快出来！”

白眉儿朝兔嘴使了个眼色，同时松开了爪子。老黑狗仓皇翻爬起来，顾不得抖掉沾在身上的泥屑，哀嚎一声，夹紧尾巴一溜烟逃出雨裂沟去。

白眉儿无声地将兔嘴顶回土坎后面，然后，在雨裂沟里扫视了一遍，正巧，角落里有一只死蝙蝠，便叼起来跟着老黑狗蹿了出去。

老黑狗来到阳光明媚的雨裂沟外，在阿蛮星双腿间盘桓了两圈，惊魂甫定，低落的情绪又亢奋起来。狗仗人势，这话算是说到点子上了。主人是它的依傍，是它的靠山，是它的后盾，在主人身边，它还怕什么。它相信主人是绝不会容忍恶豺的。在雨裂沟里险些遭到暗算，雨裂沟外可要好好出出这口窝囊气了。主人一定会扮演最公正最严厉的法官，处决狗面豺心的叛逆。

瞧这豺娘养的白眉家伙，也跟着它钻出雨裂沟来了，厚颜无耻地在朝主人摇尾巴，摇得像朵黄菊花。你别装蒜了，你和豁嘴母豺一鼻孔出气，你也是匹豺！老黑狗义愤填膺，从阿蛮星的胯下钻出来，走向白眉儿。来呀，咬呀，还像刚才在雨裂沟里那样用你粗糙的豺舌尖利的豺牙来戏弄我的喉管呀！来呀，咬呀，把你豺的凶残与狠毒表演给主人看看，也好让主人擦亮受蒙蔽的眼睛，识破你的伪装！

老黑狗没料到，白眉儿没任何要向它攻击的举动，相反，白眉儿低头垂尾，一副敦厚温良的模样；眼睛一眨，老母鸡变鸭，恶豺变狗，甚至比狗更狗了。老黑狗愈发气得要吐血，扑过去就咬，恨不得咬掉对方那张狗皮，咬碎那颗豺心。

白眉儿轻轻跳开去，是忍让，是躲闪，是谦和；不愿窝里斗，不愿同类相残；何等大度，何等慈悲；高风亮节，堪称团结的楷模。

老黑狗气昏了头，一口咬中白眉儿的一条后腿，咬下一嘴黄毛。

白眉儿委屈地轻吠一声，朝阿蛮星靠拢，仿佛是个识大体顾大局的绅士。

老黑狗一时没反应过来白眉儿为何要听任它咬，甘愿受皮肉之苦，主人阿蛮星替它解开了这个谜。

阿蛮星的视线落在老黑狗粘满黄毛的嘴角，双目突突喷出火来，飞起一脚，踢在老黑狗的屁股上，把老黑狗踢得在地上打滚。

“你这条不知好歹的老瘟狗，你疯咬什么！你要把白眉儿咬瘸了，看我不活剥了你张狗皮！”

白眉儿的眼睛阴险而快活地眨动起来。

老黑狗虽然听不懂主人究竟在骂个啥，但从主人严厉的口气，短促的语调，踢它时落脚的沉重，已感觉到主人对自己的讨厌与憎恶。它明白了白眉儿所以要让它轻易咬一口的险恶用心。

这真是天大的冤枉。它是狗，它无法操作人类的语言把雨裂沟里的秘密告诉主人。它只有跳过去咬住主人的一只裤腿用力朝雨裂沟拉扯。主人，雨裂沟里藏有一匹豺，藏有一个骇人听闻的秘密。

它用力过猛了，加之主人的裤子本来就已穿旧，嗞的一声，主人的裤子被撕开一个大口子。主人又生气地踹了它一脚。

“老瘟狗，你是活得不耐烦了吧？”

老黑狗狂吠乱跳，在雨裂沟前做出一连串的扑咬厮斗动作，以期让主人理解自己的苦衷。

到底是朝夕相处了多年的主人，虽然彼此间言语隔阂，但心灵还是有几分相通的。阿蛮星咬着嘴唇想了想，蹲下来拍拍老黑狗的脖颈说：“黑虎，你是想告诉我这条雨裂沟里有我感兴趣的东西，是吗？”

理解万岁！老黑狗激动得呜咽起来。

阿蛮星伏在地上，脸凑近雨裂沟，瞪大眼珠子，瞄了瞄，啥也没看见。

老黑狗心里一片悲凉，人类的视觉功能真是低得可怜啊。

阿蛮星搔搔脑壳，转向白眉儿：“唔，白眉儿，这雨裂沟里到底有什么呀？”

白眉儿跑到阿蛮星面前，将叼着的死蝙蝠吐在地上。

阿蛮星不屑地踢踢死蝙蝠，啐了一口唾沫，说：“呸，谁希罕捡这破玩意儿。”

老黑狗暴跳起来，这是造谣，这是撒谎，这是欺骗！雨裂沟里有一匹嘴唇豁开长着一张丑脸的母豺！可惜，它无法让主人知晓内情。它冲动地奔向雨裂沟，刚到沟边又缩了回来；它是无法同时制伏两个坏蛋的。它急得在原地旋转，朝空中噬咬扑击，活像条疯狗。

“唉，”阿蛮星悲悯地望了老黑狗一眼，“黑虎，你真是老喽，不中用喽，值钱的猎物追不着，不值钱的死蝙蝠却又叫又闹的。原想让你进山带个路，看来你连带路都不称职啊，只配看家护院了。”

白眉儿朝小河沟方向吠叫了两声，示意主人快去追。

阿蛮星将细麻绳重新套在老黑狗脖子上，使劲往小河沟牵拉。

老黑狗抱住一块石头耍赖不走。它不能让白眉小子阴谋得逞，它不能让自己背上老而无用的黑锅，它不能让主人上当受骗误入歧途。它要揭穿雨裂沟里的罪恶。

阿蛮星被惹恼了，重重地踹了老黑狗两脚：“老憨狗，一只死蝙蝠就勾掉你的魂啦？快走，再不听话，我活活勒死你！”

老黑狗脖子被细麻绳紧紧勒住，眼珠暴突，呼吸困难，若再挣扎，真要窒息了。它无可奈何，只好跟着主人钻进小河沟。它一路走，一路发出长吠，声音凄凉哀怨，透出无限悲愤。

沿着小河沟追撵，自然是南辕北辙，追得越快，离豺越远，结果一场空，连豺的影子也没见到。阿蛮星并没因此而责怪白眉儿领错了路，他把责任一股脑儿归咎到老黑狗身上，怪老黑狗迷恋一只死蝙蝠耽搁了时间，让豺给跑了。

老黑狗只能苦水往肚子里咽。

白眉儿并没因为自己欺瞒成功而窃喜。主人愈是信赖，它愈是内疚。它放走了兔嘴，使得主人在这场狩猎中一无所获，蒙受了损失。当天夜里，它独自进山，摸着黑翻过日曲卡山麓跑到尕玛尔草原，逮着只黑麂，拖回猎户寨，算是补偿主人的损失，这样，心里才稍稍好受些。

这次是个特殊的例外，从今以后，它再也不会干丧失猎狗原则的没名堂的事了。

第二章 血管里一半是豺血

新买来的牦牛用粗麻绳拴在院子的老槐树上。

这是一头牙口才两岁的牯子牛，膘肥体壮，毛色乌亮，油光水滑，身躯高大魁梧，站在树下，像座黑色的小山。尤其是头顶那对琥珀色的犄角，形如禾杈，又尖又长，在阳光下泛动着冷凝的光泽，像是用玉石雕成的。

这真是一头好牛。

谁也没想到，这头漂亮的牯子牛脾气会那么暴烈，野性会那么重，竟会像野牛似的向人冲撞。

院子里灌满了早晨的阳光，清新而明媚。主人阿蛮星在院子的角落里烧起一炉炭火，忙碌着准备给这头新买来的牦牛烫烙印和穿鼻绳。

这可以说是牛的成年礼仪。身上有了烙印，是家牛的标志，可避免被猎人当做野牛误伤，也表明是谁家的牛，走失了容易找回来；穿鼻绳意味着对主人的依附和顺从，也意味着从此以后牛的命运和人的命运连接在一起。

老黑狗一大清早就出去玩儿了，院子里只有白眉儿蹲在一只石凳上，陪着阿蛮星。

主人从蓝幽幽的火炉里夹出一块烧得通红的烙铁，向牯子牛走去。牛也是通灵性的动物，很能猜度人的意图。牯子牛瞪着敌意很重的眼睛，惊慌地朝后退却；但才退了几步，脖子就被粗麻绳拉住，无法动弹；它拧着脖子，“哞——”朝阿蛮星威胁地吼了一声。

白眉儿从石凳上跳下来，冲到牯子牛面前，“汪汪汪”，高声吠叫了一通。它是帮主人的忙，用这个办法分散牯子牛的注意力，使主人好趁机下手。

这办法果然有效，牯子牛被突如其来的狗叫声吓了一跳，眼光从阿蛮星身上跳到白眉儿身上。阿蛮星急步转过老槐树，绕到牛的背后，眼疾手快，将那块烧红的烙铁啪的一声贴在牛的屁股上。

“嗞——”牛毛被烫焦，牛皮被烧煳，空气中弥散开一股刺鼻的焦臭味。

牛屁股上，隆起的血泡清晰地勾勒出一个&字形的标记。

牯子牛痛苦地惊哞一声，四条粗壮的牛腿绷得笔直，庞大的牛身体向前倾斜，牛脖子狠命甩动，砰砰砰，竭力想拉断系在脖子上的粗麻绳。老槐树被拉得一阵阵颤抖，树叶儿纷纷掉落下来。

叶子是树的泪，树被拉疼了。

“汪汪汪”，白眉儿把音调放得柔和些，继续在牯子牛面前吠叫。现在，它叫的目的已不是要分散牛的注意力，而是一种好心的劝慰：

——唔，被烙铁烫了一家伙，是有些疼的，不过不要紧，过一两天就没事了。不要发怒，弄坏了自己身体。唔，对所有的家牛来说，这一关都是免不了的。想想大家都一样，你也就没必要特别愤慨了。忍耐些吧，忍耐些吧，你既然是牛，就只能乖乖地听凭主人的摆布。

牯子牛厌恶地朝白眉儿打了个响鼻，仍不断拉扯脖子上的麻绳。

白眉儿发觉眼前这头牯子牛神态怪异，有点与众不同。它曾在寨子里观看过多次给牛烫烙印和穿鼻绳，别的牛当然也痛苦，也挣动，也哞哞哀叫，但一般来说，呆板的牛脸上都是一副无可奈何的表情，一种逆来顺受的神态。个别牛疼痛难忍还会掉泪，掉泪是屈服的表现。牛就是因为温顺老实和任劳任怨的品性，才受到人类的青睐的。可眼前这头牯子牛，脸上每一根线条都因愤怒而扭曲，每一个褶皱都燃烧着复仇的毒焰，表情生动得不像牛脸而像猴脸。牛脖子上的鬃毛恣张开，像斗牛而不像耕牛。一双牛眼布满血丝，红得像毒蛇的信子，喷射着浓浓的残忍。白眉儿忍不住打了个寒噤，一种不祥的预感油然而生。

人会发疯，狗会发疯，难道牛就不会发疯吗？

“汪”，它朝阿蛮星叫了一声，提醒主人小心谨慎。

阿蛮星不耐烦地朝它挥挥手说：“嘘，嘘，一边儿去，我正忙呢，别来添乱。”

唉，人在动物面前的过分自信，有时真让动物哭笑不得。

阿蛮星扔了烙铁，从工具箱里翻出一柄铁钩来。这是一种专门用来穿牛鼻孔的器具，一尺长的一根细铁条，顶端磨得犀利，弯成钩状，塞进牛鼻孔里，猛力一拉，薄薄的牛鼻内骨便被铁钩捅穿，绳子就从这洞洞里穿过去。

这有点像人类女性为了戴耳环而在耳垂上穿洞。

阿蛮星举着明晃晃的铁钩朝牯子牛走去，牯子牛勾下头，亮出那对禾杈似的牛角，恶狠狠地打了两个响鼻。这套形体语言很明确，是在警告阿蛮星别过来，不然的话，一切后果由你自负！

屁股上火烧火燎的疼痛，已使牛产生了一种敌对情绪。

“嘻嘻，脾气还挺倔的。我倒要看看是你厉害还是我厉害。”阿蛮星朝牯子牛嘲弄地眨巴着眼睛，迎着那对琥珀色的牛角走过去。

牯子牛朝前蹿动着，无奈脖子被粗麻绳锁住，身体不自由，发挥不出牛角的威力。它愤怒之极，又连续打了几个响鼻。

阿蛮星走到牯子牛面前，伸出左手一把攥住牛角，趁牯子牛甩动脖颈，借着那股力，身体灵巧地旋了一转，跳到牯子牛左侧，身体贴紧牛脖子，左手像掰腕子似的攥住一支牛角用力往下掰，牯子牛被迫将沉在颈窝的脸抬了起来。

白眉儿希望看到牛脸上泪水模糊。泪能降温愤怒，能排泄屈辱。可它看见牛脸上没有一丝泪痕，只有熊熊燃烧的怒火。

“汪汪”，危险，主人，千万别蛮干！

阿蛮星没听它的。人怎么会听狗的。

阿蛮星在牛脸抬起的一瞬间，将右手握着的铁钩猛地塞进牛鼻孔，横向一拉，噗，传来软骨被捅破的声响。

牯子牛打了个响鼻，空中爆出一朵血花。

阿蛮星刚想把铁钩收回，突然，牯子牛狂吼一声，“哞——”犹如石破天惊，震得白眉儿耳膜发疼，震得木屋上的瓦片哗啦啦响。

随着那声狂吼，牯子牛全身肌腱一块块凸突出来，奋力朝前蹿跃，只听嘣的一声响，那根拴在老槐树和牛脖子上的粗麻绳被绷断了。

老槐树害怕得发抖，雨点似的落下一层树叶；叶子是树的泪，老槐树泪如雨下。

阿蛮星没防备，被甩出一丈多远，四仰八叉摔倒在地。

牛脸一片疯狂，变得狰狞可怖。

牯子牛撅着那对犄角，像座小山似的向阿蛮星压去。

“白眉儿——”阿蛮星惊呼起来。

主人的呼叫其实是多余的，在粗麻绳绷断的刹那间，白眉儿已经一跃而起，蹿到疯牛和主人中间，“汪汪汪”，朝牯子牛龇牙咧嘴地咆哮，企图遏制牛的疯劲，或者引火烧身，将疯牛的残暴引到自己身上来。

牯子牛对白眉儿的咆哮不屑一顾，连眼皮儿也不眨一下，仍直挺挺冲将过来。

眼看那对冰凉的牛角就要捅到白眉儿身上来了，白眉儿本能地想跳闪开。与牛顶牛，它是占不到便宜的；牛力大无穷，若单纯地比力气，连老虎都不是对手。猎户寨曾发生过牦牛把老虎抵在岩壁上牛死虎亡同归于尽的事。它即使让自己的身体膨胀一倍，力气增长一倍，也休想挡得住正面冲撞过来的牛。它理所当然应该跳闪开去躲避牛角的锋芒。可突然间，它想到身后的主人——它跳闪开，就等于把主人暴露在犀利的牛角下。主人刚才这一跤跌得很重，还没翻爬起来呢；主人躲不过也挡不住疯牛这杀气腾腾的冲撞的。它是猎狗，它不能为了苟全自己的性命而眼睁睁看着主人被死神收容了去。罢罢罢，就让牛角先在自己身上捅两个血窟窿吧。

白眉儿迎着牛角扑去，它想，当牛角穿透自己柔软的腹部时，自己的两只后爪要抓紧时间在牛脸上拼命踢蹬撕抓，最好抓瞎两只牛眼，瞎眼疯牛看不见目标，危险就会大大降低；抓不瞎两只牛眼，也起码要把那张牛脸抓得血肉模糊，视线朦胧，主人就可趁机脱身了。

它抱着必死的决心扑了上去。

不知是疯牛认准了死理一心要对付阿蛮星，还是疯牛感觉到了白眉儿的用意不愿上狗的圈套，在白眉儿前爪搭上牛脖子，身体罩住牛角后，疯牛并没按常规再往前挺半步将牛角刺进白眉儿的肚子，而是突然缩了一下脖子，两支牛角恰好像铲子似的把白眉儿铲了起来。白眉儿按自己的思路在扑出去后两只后爪就开始踢蹬撕抓，结果，没撕破牛脸，也没抓瞎牛眼，全撕抓在坚硬的牛角上了，等于在给疯牛献殷勤搔痒痒呢。疯牛在缩脖子的同时，庞大的身体微微一摇，猛甩脖子，两支牛角也用力朝天上铲去——白眉儿还没明白过来是怎么回事呢，身体便被弹了出去，像只笨重的大鸟在空中滑翔了一段，“咚”，一头撞在老槐树上，差点撞出脑震荡来，随即又像只烂果子从树枝上掉落在地。

疯牛得意地哞了一声，又继续撅起牛角去挑阿蛮星。

虽说白眉儿没能抓瞎牛眼，还被牛像玩球似的抛了一次，吃了大亏，但毕竟争取到了一点时间，阿蛮星已从地上翻爬起来，连滚带爬朝屋里跑去。

“汪汪”，主人，加油啊！白眉儿虽然在老槐树上撞得两眼发黑金星直冒，但一颗赤诚的狗心仍牵挂着主人的安危。它希望主人赶快跑进木屋去，取下挂在墙上的猎枪。主人一旦猎枪在握，就无敌于天下，疯牛很快会变成一堆任人宰割的牛肉。

不好，主人脚步踉跄，脸色发白，一只手紧紧扶着腰，痛苦地皱着眉，跑起来一颠一拐的，像在表演舞蹈，速度慢得不像话。看来，主人刚才一定是跌闪了腰，或许还崴着了脚。

那疯牛飞快地追赶上来，毫不客气地从背后用牛角去挑阿蛮星，眼看牛角就要戳着阿蛮星的脊背了！阿蛮星到底是打猎出身的，不乏与野兽周旋的经验，听到背后的喘息声越来越近，突然一个急拐弯，牛角只把他那件上衣给挑走了。

可惜的是，阿蛮星进木屋取枪的企图落空了。

阿蛮星围着老槐树兜圈子，疯牛在背后紧追不舍，彼此间的距离只有一步之遥。

“白眉儿，白眉儿，快，给我拖住疯牛！”阿蛮星一边逃，一边焦急地呼唤着。

白眉儿甩了甩被撞得金星直冒的脑袋，毫不犹豫地蹿了上去，嗖地起跳，跃上牛背。按犬科动物的习惯，也是犬科动物最有效的猎杀方式，该咬疯牛的喉管。犬科动物嘴吻较尖，容易探进猎物的颈窝，咬住喉管；喉管薄脆，容易咬断；一旦咬断，猎物就会像坨稀泥巴似的瘫软下来。可眼下这头疯牛朝前亮着牛角，紧勾着牛头，喉管深深藏在胸脯下，它根本咬不到；疯牛又是在奔跑着，它在牛背上费很大劲儿才保持着身体平衡没被颠下来，不可能再像耍杂技似的钻到疯牛颈窝边，张嘴就在牛的后脖颈上狠命噬咬。牛背上的其他地方，都非致命部位，咬上一百口，恐怕也很难把疯牛咬死；它也没时间去咬一百口，主人的处境十分危险，时间很紧急，别说咬一百口，只怕咬不到二十口，那尖利的牛角就会洞穿主人的后背。必须速战速决，置疯牛于死地。看来，只有咬牛的颈椎骨了。

咬猎物的颈椎骨，是典型的猫科动物的猎杀方式。老虎、豹子和大山猫对付猎物最有效的办法，也是最通用的办法，就是跃上猎物的背，咬住猎物的颈椎骨，猛地一拧，咔嚓一声脆响，猎物颈椎断裂，立刻变成一堆任其宰割的肉。

白眉儿虽然没实践过咬猎物的颈椎，但在埃蒂斯红豺群里目睹过虎豹觅食，依样画葫芦还是会的。它两只后爪钩在牛肚子上，两只前爪搂住牛脖子，张嘴在疯牛的后脖颈上狠命噬咬。牦牛脖子上的毛太长太密了，牛皮也太厚韧了些，连咬了几口，只是把疯牛的后脖颈咬得皮开肉绽，鲜血淋漓，却无法咬到颈椎骨。又咬了几口，好不容易感觉到已衔着那根粗粗的颈椎骨了，梗着脖子用力拧，嘴拧歪了，脖子也差一点扭了筋，却没法拧断那该死的颈椎骨。

更可恼的是，疯牛并没因为被它在后脖颈上胡啃乱咬而放弃攻击阿蛮星，也没放慢追击的速度，仍气势汹汹地朝主人的背影冲撞。主人的危险一点没减轻。

本来嘛，犬科动物的颌骨就远不如猫科动物那么发达，缺乏“拧”的力度；临时改变噬咬风格，技巧也差些；“拧”的又是身高体壮的牦牛，当然力不从心了。

主人脸上一层虚汗，跌跌撞撞，逃得十分笨拙。那对琥珀色的牛角离主人后背只有几寸远了，照这样下去，主人很快就会被疯牛挑中的。

不能再在牛背上泡蘑菇了，白眉儿想，必须换一种更有效的办法对付疯牛。它四爪一松，从牛背上跳了下来，一口咬住疯牛的一只后蹄。咬牛蹄当然无法把疯牛咬死，但可以迟滞疯牛的行动，只要主人和疯牛间能拉开七八步的距离，主人就可以进屋取枪或拉开院门的门闩跑出去。

它咬住后蹄，四只狗爪抠住地，拼命往后拖拉，就像在拔河比赛似的，想拉住疯牛。狗的力气和牯子牛比起来，差了很大一截，疯牛几乎没受什么影响，仍跨着大步向前追去，它身不由己，被拖着往前走。

唉，若论力气，轻量级的食肉兽不如重量级的食草兽啊。

阿蛮星一个踉跄又歪倒在地，翻了个身，勉强站起来，不知怎么搞的，竟逃到两面院墙的夹角里。这是一个死角，没有回旋余地。他转过身来，靠墙而立，面朝着疯牛。疯牛瞪着血红的眼，钩着头，禾杈似的犄角对准阿蛮星的胸膛，庞大的身体向后退了半步，眼看着就要像座山似的撞过去了。

“白眉儿——”主人绝望地叫起来。

白眉儿松开嘴，旋风般地跳上牛屁股。现在，它只有用一种它很不愿意用的办法来结果疯牛的性命了，那就是掏牛肠子。

埃蒂斯红豺群的豺们，遇到牛，绝不会傻乎乎地迎着锋利的牛角从正面攻击，也不会事倍功半地咬脊背或后脖颈，而是用一种最简捷省力的办法来对付力大无穷的家伙。那就是跳上牛屁股，将豺爪伸进牛的肛门，在牛肚子里鼓捣一下，扯出牛肠来，再健壮的牛，一旦被抠出了肠子，立刻就会倒毙。

一年半前，白眉儿曾成功地将一只小斑羚的肠子抠出来过；那时，它还没投靠人类做猎狗，还是一匹豺。

刚才，白眉儿跃上牛背想拧断牛的颈椎骨失败后，也曾转过掏肛门的念头，但它犹豫了一下，又放弃了这个念头。它不想给自己惹麻烦。在丛林里所有的野兽中，只有豺会掏猎物的肛门；可以这么说，掏肛门是豺独特的狩猎风格，是豺的专利，是豺在猎杀习惯上区别于其他犬科动物最明显的标志。狗是从来不会去掏猎物肛门的。它掏了疯牛的肛门，主人会怎么想，怎么看？

它晓得，主人对豺恨之入骨。

它晓得，主人有丰富的狩猎经验，必然会从掏肛门这一豺所特有的猎杀风格中猜测并怀疑它的出身与血统。

它可不能往自己的脸上抹黑啊。

可眼下主人正处于千钧一发的危急关头，它若不用掏肛门这个绝招，无法将主人从牛角下救出来。它是猎狗，好猎狗最重要的品质就是在关键时刻舍得为主人牺牲自己的一切。命都舍得丢，血都舍得流，还有什么舍不得失去的呢。

它为自己刚才的犹豫感到惭愧。

它跳上牛屁股，张嘴去咬牛尾巴；这是一着虚招，让牛将尾巴从股沟那儿移开。它咬得很重，那根牛尾条件反射般地竖立起来。

门户洞开，可以下手了。

它三只爪子呈三角形抠住牛屁股，一只右前爪闪电般地捅进疯牛的肛门。右前爪一片温热，一片潮湿。

疯牛正准备以泰山压顶之势向阿蛮星冲撞过去，没想到肛门里突然塞进一样东西，难受得厉害，向前冲撞的动作不由自主地停了下来。

白眉儿右前爪拼命向前伸去，揪牢滑溜溜的牛肠，另外三只爪子在牛屁股上用力踢蹬，“吱溜”，一根牛肠被顺利地掏了出来。白眉儿一口叼住，从牛屁股上跳下来，快速向后倒退，像扯线团似的把牛肠越扯越长。

疯牛哀哀地哞叫了两声，四腿弯曲，颓然栽倒在地。

好险哪，那尖尖的牛角离阿蛮星的鞋子只有一寸远了。

阿蛮星望望倒在地上四肢抽搐的牯子牛，又望望将牛肠子越扯越长的白眉儿，脸上的表情十分复杂，喜悦、惊骇、迷惘、困惑，呆呆地站在院墙的夹角里，似乎不知该怎么办才好。

白眉儿见牯子牛再也站不起来了，就吐掉嘴里的牛肠子，跑到主人跟前，使劲摇动尾巴，发出汪汪汪的吠叫声：主人，疯牛死了，一切都过去了。

阿蛮星抹了一把头上的冷汗，笑了笑，笑得有点尴尬：“唔，白眉儿，是你救了我。”

这时，左邻右舍听到动静，纷纷赶来，在院门外叫着阿蛮星的名字。

阿蛮星走到院门口，伸手刚要拔门栓，突然，他停了下来，转身急急忙忙奔进木屋，取来一柄长刀，贴着疯牛肛门，一刀割下被白眉儿掏出来的牛肠子，胡乱一卷，塞进墙角，又扯了把草盖好，这才拔开门栓放邻居们进来。

白眉儿理解主人为什么要这样做，主人是在维护它猎狗的声誉。

“村长，你没事吧？”

“牛发起疯来，连老虎都害怕。阿蛮星，没伤着你吧？”

“没有。”阿蛮星说，“这牛脾性太暴躁，做不得耕牛，只好吃牛肉啦。”

“啧啧，这么健壮的一头牯子牛，村长，你一没放枪，二没用梭镖，怎么一下子就剽倒了呢？”酒糟鼻踢踢死牛，惊讶地问。

“哦，是这样的，疯牛想用角来挑我，白眉儿跳上牛背，咬断了疯牛的颈椎。”

“阿罗，这狗，比老虎还厉害哟！”酒糟鼻羡慕地说。

“真是一条万里挑一的神狗！”好几个人都伸出大拇指来说。

“是哩，是哩。”阿蛮星应和道，口气有点勉强，神态也不太自然。

这以后，白眉儿总觉得它和主人之间隔着一层无形的东西。主人还像过去那样闲坐在火塘边抽烟时喜欢把它搂在怀里，用满脸的络腮胡子蹭它柔软的鼻吻；所不同的是，过去主人在做这个表示亲昵的小节目时，手还在忙着往水烟筒里装烟或划火柴，毫无顾忌地将下巴贴到它脸上，它的鼻吻经常触碰到主人上下滑动的喉结；现在主人搂住它后，一双手再也不去忙乎其他事情，而是左手搭在它的后脖颈，右手托住它的胸脯，那姿势，分明含有一种深深的戒备心理，像是随时准备把它掐住并掀翻，那滑动的喉结，也不再触碰它的鼻吻，而是小心翼翼地保持着一定距离，似乎在提防着某种危险。

有一次，它跟随主人上山砍柴。主人大概是闹肚子了，褪了裤子蹲在树下方便，它在四周溜达，不注意就走到主人身后去了。突然，主人扭过身来，大声呵斥："去，离我远一点!"它一时没反应过来，瞧着主人高高撅起的光腚，愣了神。它过去常在主人方便时陪伴着主人，不管它绕到哪个方位，主人也没撵过它。它是雄狗，主人是男子汉，同性间不需要回避，更不应该害羞的。兴许它愣神时盯着主人的光腚更让主人神经过敏了，主人捡起一块土坷垃，朝它砸来，用更严厉的声调嘘它赶它。主人的眼光里有一种担忧和警惕。它的狗脑筋终于开了窍，主人不让它绕到屁股后面，是一种防范措施。它哀嚎一声，垂头丧气地走开了。

它知道自己和主人之间那层无形的隔阂是怎么形成的，起因就是它在万般无奈的情况下用豺的风格剽倒了那头疯牛。它怎么可能用同样的手段去对付亲爱的主人呢。它真想咬开自己的胸膛让主人看看它的心是红还是黑。它虽然深感苦恼，却并不后悔，假如现在再让它选择，是用豺的风格剽倒疯牛却因此而遭受一连串的委屈，还是为了不暴露自己豺的出身而听任主人被牛角挑翻？它仍会毫不犹豫地选择前者。它是猎狗，为了主人甘愿献出自己的一切是它做狗的信条。

这点小委屈算不了什么，它想，它要经受这个考验。它要对主人更温顺更忠诚，狩猎时更勇猛更顽强，用出色的表现重新赢得主人的信赖。它相信时间能证明一切，它相信不用多久主人就会消除和它之间的那层无形的隔阂。

第三章 老黑狗的报复

老黑狗黑虎预感到自己活在这个世界的日子不多了。

很多野生动物都有一种预知自己死亡的本领。例如大象，在死前的半个月，就离开象群长途跋涉到荒无人烟的密林深处，跳到象冢里等死。例如鲸，在死前的十几天就游离自己熟悉的水域，到没有鲨鱼的深海静静等待死神降临。

老黑狗已十八岁，这年龄对人来说，正是黄金岁月青春年华生命的朝阳阶段，但对一条狗来说，已是日薄西山气息奄奄差不多要抓一把黄土盖脸了。它明显地感觉到自己精力不济，不能快速奔跑，一跑就气喘吁吁，咳得浑身抽成一团；食欲也大减，过去每顿吃一大瓦钵还嫌不饱，现在只咽了两三口就腹胀如鼓。生命就像秋天树上的黄叶，快掉喽。对将要死亡这一现实，老黑狗虽然恐惧遗憾，却也无可奈何；别说一条狗，即使主宰世界万物的人，也无法跟新陈代谢这条规律抗争的。

老黑狗卧在木屋门口，凝望着对面山峰上那轮火红的夕阳。老狗和老人一样，都爱回忆往事，让灰色调的残余生命在色彩纷呈的已逝世界里得到一种回光返照式的再现。

老黑狗觉得自己这辈子没白活。用狗的价值观来衡量，它几乎得到了作为一条狗所能得到的一切。

它出生在一个宽敞温暖的狗棚，母狗有充沛的乳汁，从来没受过饥寒之苦。它一睁开狗眼认识的主人就是阿蛮星，十八年一主到底，从一而终，保持了狗的贞节，没受过中途换主的麻烦。在十几年的猎狗生涯中，虽说没大的建树和惊天动地的业绩，倒也没捅过什么娄子，撵山狩猎，恪尽职守，经常能帮助主人从草窠里赶出一些兔子、狗獾、草狐之类的野兽，供主人猎杀；偶尔也和其他狗一起追逐大型猎物，使主人眉开眼笑。

感谢命运，它曾和母狗珊珊产下过两窝狗崽，虽说这些狗崽先后都被陌生人抱走了，毕竟还存活在这个蔚蓝色的地球上，满足了繁衍生命的本能。

值得骄傲的是，它仰仗着主人的威望，也靠自己的努力，在猎户寨当了十来年的狗群领袖，在狗群里一呼百应，充分享受了权力的甜美。在它当任猎户寨狗群领袖期间，只碰到过一次危机。那是在四年前，主人从农场买回一条名叫洛戛的大黄狗，这家伙勇猛善猎，很快就深得主人宠爱。眼看就要动摇它猎户寨狗群领袖地位了，阿弥陀佛，它黑虎命大福大造化大，那只叫洛戛的大黄狗在一次狩猎中被红毛豺给害死了。

特别值得庆幸的是，当它年老体衰再也不能为主人卖命时，主人没有抛弃它，仍然养着它，给它养老送终。很多人对自己豢养的狗用得上时亲昵地称之为宝贝，用不上时就卖给狗贩子或送进屠宰场，有的干脆剥下笑脸自己动手，或用水闷或用绳吊或用刀捅或用栗柴棍猛敲狗鼻梁，油炸清炖宫爆，吃狗肉宴席。世界上只有为数极少的狗能寿终正寝。阿蛮星真是世界上最好的主人了，它为自己这辈子能遇到阿蛮星这样的好主人感到荣幸。

越觉得主人好，就越觉得白眉儿可恶。这豺娘养的家伙，装扮成狗，不仅混进狗群来了，还骗取了主人的信赖和宠爱。主人也真是的，样样都好，就是有时太自信太固执了一点，被白眉儿英俊的外表和高超的狩猎技艺迷住了心窍，识不破白眉儿狗面豺心的真面目。回想起那次雨裂沟里的遭遇，黑虎真气得要吐血。明明是豺，在干豺的勾当，却还反咬一口在主人面前诬陷它迷恋一只死蝙蝠。世界上再也没有比这更卑鄙无耻的事了。是可忍，孰不可忍。它有时候觉得自己不是老死的，而是被白眉儿活活气死的。它实在咽不下这口气，此仇不报，它就是死了也不会闭眼睛的。

黑虎深深为主人的安危担忧。俗话说，龙生龙，凤生凤，老鼠生儿会打洞；血统决定着物种的行为规范和精神风貌。没听说过豺能和人亲善友爱。豺就是豺，血液里就带着仇视人类的成分，骨髓里就有阴险狠毒的烙印。人习惯于把邪恶势力比喻为豺狼虎豹，豺名列第一，可见人是多么地痛恨豺。但主人身边却恰恰睡着一匹豺！谁敢保证说这匹白眉儿不会在哪天突然豺性大发，趁主人没有防备之际伤害主人。只要是豺，就永远也改不了与人为敌的本性。

想到这里，老黑狗黑虎心里油然产生一种深深的内疚。它作为村长的猎狗，有责任保护主人的安全，有义务维护猎户寨狗群的纯洁，揭穿豺的阴谋与伪装。它无能，它没尽到自己的责任和义务，让白眉儿至今还逍遥法外，蒙骗着主人和猎户寨的狗群。要是主人因此而受到豺的伤害，要是猎户寨的狗群因此而沾染豺性蜕化变质，它黑虎就是历史的罪狗，死了灵魂也不会安宁。

背后的木屋里传来人和狗的嬉戏声，不用回头看黑虎也知道，是主人在火塘边逗着白眉儿玩。主人习惯用胡子拉碴的下巴摩挲猎狗柔软的唇吻，假如对象真是猎狗，这当然是一种无伤大雅的亲昵；可对象是一匹豺的话，这就等于在和死神玩捉迷藏了。它真想大声对阿蛮星说：主人，危险！遗憾的是，它不会操作人类的语言系统。它若用狗的语言来表达，主人又要误会它是在无事生非瞎嚷嚷。

怎么办？难道它真要带着壮志未酬的巨大遗恨离开这个世界了吗？

难道它真的忍心不顾主人安危听任白眉儿为非作歹了吗？

不不，它一定要设法在死神把自己召唤去之前揭穿白眉儿狗面豺心的真相。只有这样，它才能安安心心平平静静问心无愧地离开这个世界，才算给自己的一生画上了一个圆满的句号。

太阳落山了，紫色的暮霭笼罩着寨子。老黑狗思索着对付白眉儿的办法。

或许，它可以出其不意地咬住白眉儿的喉管，它反正快要死了，把所有的生命都凝聚在这一咬上，咬着后死也不松口，被浑身咬得稀巴烂也不松口，与这豺娘养的家伙同归于尽。

不不，这主意不妥，老黑狗想，它风烛残年，与白眉儿拼斗，好比以卵击石，悬殊太大。极有可能它还没咬着对方的喉管，自己倒给对方咬得半死不活了；就算它运气好，能一口咬住对方的喉管，有没有力气坚持到把喉管咬断也成问题；再说主人看到后，很有可能会以为是它嫉妒成性在寻衅报复呢。

应当想个万无一失的办法，想一个能充分暴露白眉儿豺的品性的绝招。

暮春的夜，温柔湿润，空气中弥漫着郁金香的芬芳。金蛉子和纺织娘轻吟慢唱。月牙儿升起来了，照亮了一片薄云。

突然，老黑狗脑子一亮，想出了个主意：要是主人看到它活活被咬死，死得极惨，皮开肉绽，开膛剖腹，完全是豺狼的噬咬风格，主人就一定会认定白眉儿是匹残忍的豺。

当然，白眉儿现在正伪装成狗，绝不会在主人的鼻眼底下用豺的风格来咬它的，即使送上门去让其白咬也不肯咬的。这没关系，谁咬的并不重要，关键是要体现出豺的噬咬风格。

老黑狗黑虎知道，采用这个办法，自己是必死无疑的。它生命的烛光虽然快熄灭了，但假如静静地待在自己的狗棚里，苟延残喘，少说还可活十天半月。对生命意识很强的哺乳类动物来说，哪怕能多活一天也是好的。它很快就要提前结束自己的生命了，想到这一点，它免不了有些伤感。但它是条忠诚的老猎狗，珍惜主人的生命赛过珍惜自己的生命，甘愿用自己生命的最后一段时光来擦亮主人受蒙蔽的眼睛，为了报效主人，别说少活十天半月，即使少活半年一载的，也在所不惜。

主意已定，老黑狗黑虎离开院门向院子里的狗棚走去。院子南墙东西两端盖着两个狗棚，东边的狗棚属白眉儿，西边的狗棚归老黑狗，两条狗虽然共同效忠一个主人，但由于关系恶化，彼此间从未串过门，两个狗棚之间像有一条无形的界线。老黑狗越过自己的狗棚，一头钻进白眉儿的狗棚。

老黑狗发现白眉儿的狗棚和自己的狗棚大同小异，也是四尺见方的空间，也是铺着厚厚一层稻草。它卧在稻草上，默默地等待着。

月牙儿升上树梢，老黑狗晓得，主人快上床睡觉了，白眉儿也快从木屋回狗棚来了。机不可失，时不再来，要干就快干。它侧躺下来，先将一只前腿伸到自己嘴边，狠狠心，一口咬住，脖颈使劲一扭，腿往外猛蹬，嗞的一声，前腿的狗皮被撕开长长一条口子，疼得它真想大声咆哮。它倒吸一口冷气，拼命克制住自己，不叫出声来。它不能在这节骨眼上嚷出声来，惊动主人，暴露出自己的意图；如果这样的话就会前功尽弃，血白流，命白搭，痛苦也白痛苦。

自己戕害自己，是要有点毅力的。

前腿血流如注，老黑狗咬咬牙，又四爪朝天躺在稻草上，把嘴吻探进自己的腹部，咬住腹部柔软的狗皮，在地上挣扎着打了两个滚，噗的一声，腹部又裂开一个口子，一团血糊糊的东西从创口像蘑菇似的涌了出来。

肠子流出来了，闷热的体腔一阵凉快。它又发疯般地在自己身上、腿上胡啃乱咬。

老黑狗并不是自虐狂，它是迫不得已才这么做的。它要用自己遍体鳞伤的死相来使主人明白，那条会摇尾巴的白眉儿本质上是匹敌视人类和狗的豺，是残忍无度的恶魔。它并没觉得自己这样做是在制造假象，是在伪造现场，它不过是把将来必然要发生的事提前诱发出来罢了。既然白眉儿是豺娘养的，基因里就带着邪恶与残暴，就永远也改不掉杀狗吃狗杀人吃人的本性。

它没有羞耻感，相反，它有一种为主人赴汤蹈火的慷慨和以身殉职的悲壮。

牺牲自己，铲除异己，正义得不能再正义了。

院子里传来轻微的脚步声，老黑狗知道，白眉儿正往狗棚走来。它已因失血过多再也站不起来了，但它还活着。它要坚持活到主人闻讯赶来。它要留着奄奄一息的残相给主人看，这样才能更有效地激发主人的愤慨与憎恶，毫不留情地处置白眉儿，不，是处置恶豺。

白眉儿大概是闻到了狗棚里那股浓重的血腥味，站在狗棚外汪汪乱叫。

叫什么叫呀，进来吧，宝贝，里头欢腾，里头热闹，里头有好戏看哪。

老黑狗从喉咙深处发出一串咕噜咕噜的低嚎。猫和狗都会在喉咙深处发出咕噜声，形式相似，内容却大相径庭；

猫是在惬意舒适时才咕噜咕噜叫，俗称猫念佛；狗是在生气发怒时才咕噜咕噜叫，是一种刻毒的诅咒。

你这该死的小白脸，你这豺娘养的杂种，你这骗子加流氓，你这歹毒的蟊贼，我就占领了你的窝，你敢把我怎么样，你敢来咬我撕我吗？

老黑狗不愧是在人类身边生活了十多年的家犬，很有点战略战术。诱敌深入，请君入瓮，布个圈套让你钻，设个陷阱让你跳！

白眉儿果然气势汹汹地钻进狗棚来了。对白眉儿来说，被无缘无故地占了窝，当然愤慨；到家里来搞打砸抢，谁肯善罢甘休？它以为老黑狗是找上门来挑衅的，欺到它头上来了，它当然要反击，要捍卫自己的权益，要把老黑狗撵出去。它做梦也想不到，老黑狗会用自戕的办法设下这么个毒辣的圈套。

这蠢东西，果然上当了，老黑狗想。它闷闷地不出声，也不想用残剩的最后一点生命去朝白眉儿咬一口。它知道，别说自己已经受了致命伤，即使没受伤，咬白眉儿一口，也最多咬掉一撮黄毛，是无法把白眉儿咬死的。它可不想占这种小便宜。它要尽量避免和白眉儿咬成一团，绝不能让主人闻讯来观看时，自己和白眉儿是处于格斗状态；假如这样的话，主人会认为是一般性质的狗咬狗，从而减轻对白眉儿的惩罚；真要造成这样的后果，它就死得太冤枉太不值得了。

它早就设计好了最后一个含义丰富的形体语言。

当白眉儿钻进狗棚，龇牙咧嘴朝它吠叫时，它用最后一点力气，爬到狗棚的门口，狗头和一条前腿伸出门洞去，侧躺着，一副想逃却逃不掉的姿势，一副无辜受害者的窘相，一副弱者盼望救星的可怜神态。

十几步开外的木屋里已经有了动静，亮起一豆灯光，竹床咯吱咯吱响，还传来主人不耐烦的抱怨声："半夜三更的，疯叫个啥呀，又碰上什么怪事了嘛？"

木屋的门开启了，那豆灯光飘出木屋，穿过院子，向白眉儿的狗棚移来。

老黑狗将那只伸出狗棚的前爪使劲在泥地里刨划了两下，抠断了草根，抠出一条泥沟。这是一个证据，证明它竭力在朝外逃窜，却被里头那个家伙拼命拉扯住了。

白眉儿在狗棚里连声咆哮，还在老黑狗身上撕咬，想把入侵者撵出自己的窝。

老黑狗觉得自己的腹腔里有一种被掏空的感觉，那一定是白眉儿的狗爪缠住了它漫流出来的狗肠子。

唔，这样很好，这样戏就演得更逼真了。

阿蛮星举着马灯来到狗棚前，只粗粗看了一眼，便满脸惊愕的表情，一面举灯仔细观察，一面蹲下身体问："黑虎，这是怎么回事，你怎么啦？"

老黑狗已不再有力气吠叫了，动动嘴角，吐出一口血沫。被堵在狗棚里的白眉儿仍一声接一声发出恶声恶气的吠叫。

这蠢家伙，自己在给自己身上贴罪名呢，老黑狗想。

阿蛮星放下马灯，抱住老黑狗的肩胛，使劲把它从狗棚里拖出来——惨哪，老黑狗浑身是血，遍体鳞伤，一根弯弯曲曲的肠子拖在身后，冷不丁一看好像生了第二条尾巴。还蒙在鼓里的白眉儿跟着老黑狗钻出了狗棚。白眉儿因愤慨而两眼闪烁着绿光，显得凶残狠毒；满嘴血污，脖子上还缠着老黑狗的肠子，汪汪嚎叫，瞧着就是一副赶尽杀绝的屠夫相。

阿蛮星倒吸了一口冷气，慌乱中差点把马灯弄翻了。他把奄奄一息的老黑狗放在地上，像撞着鬼似的后退了两步，双眼直愣愣望着白眉儿，脸上浮起惊骇、恐惧、憎恶的表情。

白眉儿这才觉得事情有点不大对头，眨巴着眼睛望望躺在地上四爪抽搐的老黑狗，又望望脸色铁青双目喷火的主人，开始意识到自己正处在一个进退维谷的尴尬境地。

老黑狗只剩下最后一口气了，可怜巴巴地望着主人，爪子在地上胡乱踢蹬，挣扎着向主人站立的方向爬动了最后一寸。看起来，老黑狗是在竭尽全部的生命，爬离身后那个恶魔，哪怕远一寸也好；爬向亲爱的主人，哪怕近一寸也好。突然，老黑狗脑袋猛地一仄，死了；可它那双狗眼仍瞪得溜圆，一副死不瞑目的样子，似乎临死那一瞬间仍在呼唤主人替它申冤报仇。

“黑虎，黑虎，你怎么啦？你醒醒，你醒醒！”阿蛮星一条腿跪在地上，高声叫喊着。

老黑狗嘴角间凝固着一丝不易察觉的永恒的微笑。

“汪汪汪汪”，白眉儿又不合时宜地朝已经死了的老黑狗发出一串吠叫。它年轻的狗脑筋一时半刻无法破译眼前这件稀奇古怪的事；它在质问老黑狗，这到底是怎么啦？

“你……你……你这条疯狗！”阿蛮星指着白眉儿的鼻梁咬牙切齿地骂道，“你怎么敢咬死黑虎？黑虎和我一起生活了十八年，忠心耿耿，我都舍不得把它卖给狗贩子，你……你竟敢咬死它。你……你还掏出它的肠子。你上次对付牯子牛时也掏出了牛肠子，我就怀疑你不是狗，狗没有这般恶毒的咬法。今天你又掏了黑虎的狗肠子，你……你确实不是狗，你……你是豺！”

这时，白眉儿头部的毛已差不多让老黑狗的血给染红了，尖尖的耳廓，长而上翘的唇吻，确实有点像红毛豺。

白眉儿在阿蛮星身边待了一年多时间，早已熟悉主人的表情和语调，虽听不懂主人话语的确切含义，大致的意思还是猜得出来的。它从主人颤抖的手指和牙齿缝里蹦出来的音节中感受到了一种正在受到严厉审判的压力。它瞧瞧躺在地上已僵硬不动的老黑狗，明白主人是在指责它咬死了老黑狗，并残忍地掏空了老黑狗的肚肠。这真是天大的冤枉。它在狗棚里确实撕咬过老黑狗，但天地良心，那都是同类打架的招式，仅用了三分力气，至多撕咬掉几撮狗毛，不可能撕咬得皮开肉绽鲜血淋漓，更不可能把肚肠都掏出来的，除非老黑狗的皮囊是用纸糊的。可眼面前躺在地上已气绝身亡的老黑狗，确实肠子漫流惨不忍睹。

这是怎么回事？白眉儿全懵了，犹如小孩第一次看魔术表演，瞠目结舌，如坠云里雾里。本来嘛，人心叵测，狗心叵测，世界就是一个魔术大舞台，但白眉儿过于单纯，还没认清这一点。它想，会不会是刚才有别的野兽如土豹、豺狗或斑狼之类的来过，把老黑狗收拾了一顿？它环视狗棚四周，没有任何别的野兽光临过的蛛丝马迹，耸动鼻子，空气中也没闻出陌生气味。

怪怪怪，真正是撞着鬼啰。狗倒起霉来，喝凉水也会硌牙。这真是飞来横祸。现在，别说它白眉儿长着一张狗嘴，即使换成一张人嘴，恐怕也洗刷不掉嫌疑了，跳进怒江也洗不清了。它只能对着那弯挂在树梢的月牙儿，连声吼叫，以发泄堵塞在胸臆那团如铅巴般沉重的冤气。它太急于向主人表白自己了，太急于为自己辩白了，不知不觉间，叫声变了调，由嘹亮的吠叫变成尖细的嚣叫。

凡猎人都知道，不同的动物有不同的叫法，虎啸龙吟豹吼鹿鸣羊咩牛哞鼠吱狗吠狼嗥豺嚣，那悠悠的嚣叫声非豺莫属，狗想学也学不会的。

阿蛮星浓眉竖立，脚底板像踩住了火炭，连连向后跳去："你……你……你果真是匹恶豺！我瞎了眼，收养了你这混账东西！"

白眉儿这才幡然猛醒，意识到自己糊里糊涂发出了豺嚣声，露了马脚，真是气极生悲啊。它想掩饰自己的失误，赶紧汪汪汪发出柔和的狗吠，摇着尾巴朝阿蛮星靠去。

——我是狗，英明的主人，千万别误会，瞧瞧，我发出的是地道的狗吠声，我的尾巴摇得潇洒自如，我是狗！

"别……别过来。你是会装狗叫会摇尾巴的狡猾的豺，我再也不会上你的当了。别过来，杂种！你想干什么？你掏了老黑狗的肚肠，还想掏我的肚肠吗？"

欲盖弥彰，适得其反，误会越来越深了。

怎么办？怎么办？白眉儿急得团团转。

阿蛮星突然转身飞也似的跑回木屋，又旋风般地冲了出来，手里提着一把明晃晃的长刀，挥舞着，朝白眉儿逼近。

"你这恶豺，你敢咬死黑虎，我砍下你的豺头；你敢掏出黑虎的肚肠，我砍断你的爪子；你敢吃狗肉喝狗血，我吃你的豺肉喝你的豺血！"

白眉儿望见头顶的夜空划出一道闪亮的弧形，急忙往旁边蹿跳；长刀劈了个空，刀锋落在沙砾上，迸溅起一簇耀眼的火星。

阿蛮星又剁又捅又挑又刺，白眉儿灵巧地东跳西跃，连根毛也没被砍掉。

“你这畜生，还敢戏弄我。”阿蛮星气急败坏地吼道，又踅回木屋，拾出猎枪。

白眉儿深深知道猎枪的厉害，能洞穿熊皮，能击碎虎头，能追上疾飞的鹰隼。假如死能洗净冤枉，它愿意一死以谢主人。问题是即使死了，在阿蛮星心目中仍是匹十恶不赦的豺，死了等于白死。它可不想平白无故地丢掉性命。它别无选择，只有逃离主人，逃离猎户寨。

它纵身一跃，跳过一米多高的院墙，钻进夜幕。

背后砰地爆起一声巨响，霰弹擦着它的头皮飞过。它拐了个弯，逃进寨后那条幽深的山沟，又顺着山沟逃进莽莽苍苍的日曲卡山麓。

它的猎狗生涯被迫结束了。

第四章　丧家犬回到豺群

白眉儿在日曲卡山麓流浪了好几个月，不敢再回猎户寨。它知道，主人阿蛮星已把它定性为豺，再回去的话，等于自投罗网白白去送死。

夏秋季节的日曲卡山麓虽然很容易找到食物，但孤身只影，日子过得甭提有多乏味了。慢慢地，它产生一种回埃蒂斯红豺群去的想法。不管它究竟是豺还是狗，都是群体意识很浓的动物，无法适应离群索居的生活。它耐不住孤独和寂寞，它需要伙伴。阿蛮星用猎枪割断了它和人类的关系，它没法再做猎狗，它只好重新去做豺。

重新做豺的第一道关卡，就是要改掉近两年的猎狗生涯所养成的狗的习性。它不能让豺们知道它曾经做过狗。在日曲卡山麓，豺和狗是不共戴天的仇敌，豺群经常受到仗着人势而来的猎狗的围剿追捕，不少豺身上还留有猎狗的爪痕和齿印。豺对狗恨之入骨，绝不会同意接纳被狗文化熏陶过的豺的。为此，在半个多月的时间里，它注意戒掉了摇尾巴的习惯，把狗的摇尾改成豺的摆尾；也克制住自己不再发出汪汪的狗吠，每要叫嚷，就微微扭曲脖颈，使声带变细变尖，于是，就吐出呦呦嗷嗷豺的嚣叫声。它本来就生在豺窝，恢复这一套并不困难，经过半个月的刻苦演练，它的尾巴晃荡得十分豺模豺样了，叫声也已彻底豺化，瞧不出什么破绽了。

一切准备就绪，可以动身回埃蒂斯红豺群了。

它从小生活在埃蒂斯红豺群，熟悉豺群的活动范围，要找到豺群并非难事。几天后的一个早晨，它就在怒江峡谷见到了埃蒂斯红豺群。太阳被一层薄雾遮住，像颗硕大无朋的红玛瑙。它在一座小山包上，豺群隔着一条小山谷，在对面的山梁上。

即将回到阔别已久的伙伴中间，白眉儿兴奋得直蹦跶。它踏着绒雾，踏着露珠，沿弯弯曲曲的山道下到深箐，还特意泡到清亮的小溪里冲了个澡。豺并不喜欢水，也没有勤洗澡的洁癖，虽说秋天，却也凉风习习，水冲在皮毛上，冷得打出一串寒噤。白眉儿在清溪中冲了又冲，它要把沾染在自己身上的由火炭、熟食和稻草混合成的狗的气味冲洗干净。

改掉了狗的习性，又洗净了狗的气味，它可以做豺啦。

它登上对面的山梁时，身上湿漉漉的毛已差不多被晾干。走到离豺群还有一箭之遥时，突然，它瞥见豺王夏索尔正卧在一块磐石上，目光阴沉，血红的舌头残忍地磨砺着那副尖利的白牙。往事闪现在它的脑海中。两年前，它是因犯了错误被驱赶出豺群的。当时的情景十分可怕，豺王夏索尔纠合一帮大公豺往死里咬它，若不是它跑得快，早就被愤怒的大公豺们大卸八块了，至今回想起来还心有余悸不寒而栗。

虽说此事已过去两年，但时间真的会像流水那样冲淡过去的恩恩怨怨吗？豺王夏索尔能不能原谅自己呢？万一豺王夏索尔和大公豺们还记着它的过错，要跟它算两年前那笔旧账，如何是好？看来，不能冒冒失失回埃蒂斯红豺群，最好能寻找一个能表白自己悔过心迹，能补偿两年前自己所犯错误的机会，再回埃蒂斯红豺群。

幸好山梁上晨雾袅绕，能见度很差，豺王夏索尔没发现它，它又悄悄地退下山谷。

事有凑巧，翌日下午，白眉儿正独自在埃蒂斯山谷附近觅食，突然，隔着一座小山包传来嘈杂的豺嚣声。它一听就明白，是埃蒂斯红豺群在狩猎。那豺嚣声持续不断，忽高忽低，透出急躁与焦虑，看样子是饥饿的豺群遇到了很难对付的猎物。它爬到山顶，举目望去，只见一头长着长长獠牙的公野猪正气哼哼地往密林深处退却，豺王夏索尔领着十来匹大公豺尾随追击，再后面是老豺、母豺和幼豺，像拉拉队似的齐声嚣叫，为第一线的大公豺们助威呐喊。

豺们跟在公野猪的屁股后面，公野猪朝前窜逃，豺们就跃跃欲试地贴近去想咬野猪腿；公野猪一转身，撅着獠牙冲进豺群，豺们又尖嚣着四散逃开去。

双方像拉锯似的拉来拉去。

公野猪后胯有一道血痕，而豺群里那匹名叫察迪的大公豺肩胛被獠牙犁开一道血槽，汩汩冒着血。

显然，豺群吃过亏，领教了公野猪的厉害，被那副长长的獠牙和旺盛的斗志震慑了，不敢再硬拼蛮干。而公野猪也畏惧豺的群体威力，不愿持久对峙下去，寻找机会想开溜。

野猪性格暴烈，勇猛好斗，是森林里有名的拼命三郎，连凶悍的孟加拉虎见了都要谦让三分。森林里有头猪二熊三虎的说法。这头公野猪比一般的野猪体格要魁梧一圈，脖颈上的鬃毛硬得像钢针，耸立在脑后，眼珠子喷射着怒火，两支獠牙翻出嘴唇，弯曲在尖吻两侧，凶恶丑陋，高大健壮，称得上是野猪王。

黑耳朵公豺斜刺蹿出豺群，凭借大树掩护，三绕两绕绕到公野猪左后侧；这是公野猪的一个死角，因为公野猪转身反扑习惯右转身，左后侧没设防。黑耳朵公豺匍匐爬行，悄悄逼近公野猪的屁股；豺王夏索尔和其他大公豺自觉地偏向公野猪的右侧，乱扑乱叫，竭力吸引公野猪的视线。白眉儿看得很明白，黑耳朵公豺是要跃上公野猪的屁股用爪子掏肛门了；这是豺群的看家本领，也是目前情况下唯一可能制伏公野猪的办法了；肩负主攻重任的黑耳朵公豺和用佯攻迷惑公野猪的大公豺们配合得十分默契，看来成功的希望很大。

黑耳朵公豺起跳了，土红色的豺毛恣张，像团野火飞向公野猪肮脏的屁股。眼瞅着黑耳朵公豺的四只爪子已揪住公野猪屁股上凌乱的猪毛，突然，公野猪像只巨大的黑色陀螺，高速旋转了一下，刹那间，公野猪首尾倒置，刚才还是屁股的位置，变魔术般地换成猪嘴。黑耳朵公豺没防备，两只后爪恰巧搭在獠牙上，一只前爪往猪嘴里捅去——它反应慢了半拍，把臭烘烘的猪嘴当做公野猪的肛门了——这等于将自己的一只爪子免费奉送到猪嘴里给公野猪当甘蔗嚼。公野猪也不讲客气，送到嘴里来的照吃不误，只听咔嚓一声，黑耳朵公豺当即四肢扭舞身体绷挺眼珠儿翻白，呦欧呦欧喊爹哭娘。公野猪强壮的脖颈猛地一甩，黑耳朵公豺被抛出一丈多远，在地上像皮球似的打了几个滚，呜咽着钻进草窠里去了。世界上从此多了一匹跛脚豺。

公野猪津津有味地咀嚼着豺爪，嘎巴嘎巴，那嚼咬骨

头的声音，让豺听得心惊胆寒。

豺们虽然还跟在公野猪身后，但没有哪匹豺再敢去捅公野猪的肛门了。

对埃蒂斯红豺群来说，这场狩猎变得十分尴尬，取胜无望，放弃又舍不得，真正是进退两难。

整个豺群笼罩在一片失败的氛围中。

白眉儿晓得，假如不出现奇迹，顶多再过半个时辰，公野猪就会平安地撤离埃蒂斯山谷，跑上地势险峻的山坡，凭籍一块绝壁，或者占踞一个石洞，有效地遏制豺群的追击。也有可能公野猪在撤离埃蒂斯山谷的半道上碰到一头相熟的母野猪，珠联璧合，豺群就休想再占到什么便宜了。

公野猪已退到密林深处，眼看就要退出埃蒂斯山谷了。

白眉儿脑子里蓦地跳出一个念头：帮助豺群收拾掉这头可恶的公野猪。它两年前被驱逐出豺群，直接的原因就是由于自己的冒失惊吓了快钻进伏击圈的岩羊，使群体失去了一个难得的猎食机遇。什么地方跌跤就从什么地方爬起来，假如此刻它制伏了公野猪，无疑是一种将功赎罪的表现。用一头公野猪补偿两年前的过失，它就会得到群体宽宥，同意它重返埃蒂斯豺群的。

公野猪身上蹭满黏糊糊的树脂和泥尘，像穿着一件厚厚的铠甲，獠牙锐利，力大无穷，扑上去要冒很大风险，但不管怎么说，值得试一试。

它想，它是有可能制伏公野猪的。首先，公野猪绝对想不到半途会有埋伏，出其不意攻其不备就有了三分获胜的把握；第二，它做了近两年的猎犬，无数次撵山狩猎练就了一套出色的扑咬技艺；第三，它曾经独自活掏过一头牯子牛的肠子，这豺所特有的绝活儿做得极漂亮，它可以用活掏猪肠的手段对付公野猪，既然庞大的牯子牛也能剽倒，想来对付体格比牯子牛小了一半的公野猪也不会难到哪里去的。

无论如何，它不能错过这个能让它顺利返回埃蒂斯红豺群的机会。

它从山顶借着灌木丛的掩护，直线蹿下山去，爬到一块被狗尾草围起来的岩石上。从公野猪行走的路线来判断，这里是必经之路。

果然，过了一会儿，前面响起杂沓的脚步声，响起猪嚎豺嚣。

公野猪摇摇摆摆走了过来。也是老天爷有意成全吧，公野猪刚刚走到白眉儿卧伏的岩石下，跟随在公野猪后面的豺王夏索尔和大公豺察迪朝前跃了跃，大概是想叼咬那条小黑蛇似的猪尾巴；公野猪勃然大怒，回转身去，獠牙挥舞，以攻为守地进行扑咬。

夏索尔和察迪呜噜一声，赶紧跳开去。

嗷哧，嗷哧，公野猪朝溃散的豺群发出一串威胁的吼叫。

公野猪勾着头，撅着腚，屁眼正好直线对着白眉儿的伏击位置，相距两米，在有效的扑击范围里。

白眉儿倏地从岩石上扑下去，没有嚣叫，不宣而战；它居高临下，落点丝毫不差，一口叼住了猪尾，四爪落在猪屁股的一瞬间，一只前爪利索地捅进公野猪的肛门。公野猪被一阵钻心的疼痛惊得蹦跳起来，高达一米，落地后转身来咬屁股上的不速之客。白眉儿早有防备，一只前爪搭在猪腰上，一只后爪踏地，跟着公野猪转身。公野猪高速旋转着，连咬了几口都咬空了。白眉儿趁机将那只捅进肛门的爪子在公野猪肚皮里捣鼓了一下，揪住肠头猛地拽拉，一截猪肠被拉了出来。上次它活掏牛肠时，把牛肠拉出来后，牯子牛当即像稀泥巴似的瘫软倒地，它以为公野猪也会重演这样的镜头；它低估了公野猪的能耐，不知道公野猪的生存意志比人类豢养的牦牛要强悍得多；当它自以为已摆平了公野猪而乐滋滋地揪着猪肠从猪屁股跳下来时，公野猪吼叫一声，两只后蹄冷不防朝后猛蹬，正正地蹬在白眉儿胸脯上，白眉儿滚出一丈多远，肋骨大概受了伤，疼得连站也站不起来，揪住的那截猪肠也不知什么时候弄丢了。

公野猪转过身来，面朝着白眉儿，一双猪眼里迸发出复仇的火焰。

野猪不像老虎豹子那样会审时度势。老虎豹子遇到强有力的对手时，眼看取胜无望，会聪明地溜之大吉，大丈夫能伸能屈嘛。野猪不行，野猪是一种报复心极强的动物，谁惹恼了它，宁肯粉身碎骨，也要不顾一切地进行复仇，心胸狭隘，可说是天生的偏执狂。

白眉儿晓得猪肠子已被它抠出一截来的公野猪绝不肯善罢甘休的，它这样待在公野猪正面一丈远的地方等于待在地狱的门口，太危险了。它想挪动位置溜进草窠去，可四肢发软，跳了两次没跳起来。

公野猪脊背上的猪鬃一根根竖得笔直，獠牙磨动，面目狰狞，眼看就要“剽飞”过来。

野猪的绝招，就是“剽飞”。所谓的“剽飞”，其实就是延伸扑击。野猪与仇敌拼命时，会竭尽全力朝仇敌扑蹿冲撞过来，如狂飙如疾风如滑坡如雪崩如泥石流，气势磅礴，锐不可当；当野猪扑跳起来时，背上长长的鬃毛会平平地向两边伸展，乍一看就像长出了两只黑色的翅膀，这拼命一扑扑出去的距离可比平时远一倍，由此，猎人把野猪拼老命时的一扑形容为“剽飞”。

这词儿形象地概括出野猪扑击的气势与威力。

白眉儿绝望得浑身冰凉。别说是它了，就是孟加拉虎也经不住公野猪这凶蛮的扑击。完了，它想，眨眼工夫，它就会被复仇心切的公野猪咬成两截的。

就在这时，豺王夏索尔和大公豺察迪并肩蹿上来，各自咬住一条猪后腿。

公野猪已经“剽飞”起来了，但由于后肢负荷着两匹豺的重量，冲力大大减弱，无法达到期望的距离，“轰”，公野猪在离白眉儿还有两尺的地方落地了。此时此刻要是公野猪不顾背后的骚扰再朝前扑一扑，白眉儿无论如何也难逃一死的。但野猪性格上有个缺陷，注意力很容易被干扰；它发现有两匹豺破坏了它的“剽飞”，勃然大怒，立刻将攻击目标转移到身后的夏索尔和察迪，转身欲咬。

白眉儿侥幸逃过了劫难。

夏索尔和察迪见公野猪转过身来，便仓皇逃窜。

公野猪拔腿要追，白眉儿也不知哪里来的力气，蹿上去一口叼住挂在猪屁股上的那截猪肠子；公野猪扑了出去，吱溜溜，猪肠被扯出两米多长。

公野猪又把攻击的目标转移到白眉儿身上，转身来咬；遍地都是低矮的灌木，公野猪三转两转的，那猪肠被一丛荆棘挂住，怎么也挣不脱。

豺群围了上来，响起一片催命的嚣叫。

公野猪还真有点二杆子作风，用獠牙咬断荆棘，叼住自己的肠子，忽地一甩，那长长的猪肠圈在猪脖子上，像围了一条围巾。

豺们被镇住了，连连后退。

公野猪横冲直撞，恨不得能扭住一匹豺咬它个肚穿肠破身首分家。但它毕竟已身负重伤，没疯狂多久，便摇晃了几下倒了下去。

饥饿的豺群蜂拥而上，享受这美味佳肴。

一会儿，草地上只剩下一具白花花的野猪骷髅。

白眉儿看看豺们都吃饱了，心想，时机成熟，现在它可以请求豺王夏索尔同意它返回埃蒂斯红豺群了。它走到夏索尔面前，轻嚣两声，表示了自己的心愿。

夏索尔目光阴鸷，慢吞吞地从豺群跨出来，威严地嚣叫一声，带着王者的气势，朝白眉儿逼近。

白眉儿知道，夏索尔是要行使豺王的权利，对它进行资格审查。埃蒂斯红豺群中有这个规矩，凡离群一段时间后又皈归的豺，都要由豺王观看嗅闻一遍，验明正身，确认无诈，首肯以后，才能正式接纳。它很乖巧地卧伏在地，使自己的躯体看起来比豺王要小一些，低矮一截，以免触怒豺王的自尊。它把嘴吻埋进臂弯欧欧叫了两声，声音颤抖，显得有点可怜兮兮；它在向豺王承认自己两年前所犯的错误，表达自己的悔恨心情，乞求原谅。

一般来说，豺王夏索尔是不能拒绝一匹大公豺重新归群的，除非有特殊的理由。无论如何，优秀的大公豺是猎食的中坚力量，群体总是越兴旺发达越好。更何况白眉儿还冒着生命危险帮助豺群猎杀了凶蛮的公野猪。

但夏索尔却不是这样想。它在白眉儿从埋伏的岩石上扑到公野猪身上的一瞬间，就认出对方是谁。它以为这匹奇怪地长着一身黄毛的家伙早倒毙荒野了，没想到非但没死，还长得愈发精神了。它猜想白眉儿半途伏击公野猪的目的何在，大概是要捞取重回埃蒂斯红豺群的政治资本。它果然猜中了。这使得它在心底沉睡了两年的对白眉儿的反感一下子像滚雪球似的从心底滚到脑海，越滚越大，越滚越膨胀。

这家伙，多有心机啊，夏索尔想，用帮助豺群猎杀公野猪的办法堵它豺王的嘴，让它没法不同意它归群。我已经用实际行动改正了两年前的错误，我已经将功赎罪，你还有什么理由阻止我归群呢？可恶，实在是可恶，豺王夏索尔心里火冒十二丈。什么卧伏在地，什么轻嚣哀求，都是在演戏；这哪里是在请求它开恩接纳，分明是在要挟它嘛。它打心眼儿里就不愿重新接纳白眉儿为豺家庭的一员。瞧这身坯，跟狼差不多，简直就是豺中巨人，敢独自拦截公野猪，有智有勇，留在身边，绝对是个祸害。两年前它看见白眉儿心里就发怵，两年后刚一见面，那种发怵的感觉又油然而生。无论如何它一定要阻止这个眉眼间有块白斑的家伙回埃蒂斯红豺群，它的态度比两年前还要坚决。

不过，这家伙刚刚帮助豺群猎杀了公野猪，为群体立下了汗马功劳，不便明目张胆地进行驱逐，总得找个掩豺耳目的理由才行。找什么理由才好呢？以两年前这家伙所犯的错误为由，恐怕已不能服众；指责这家伙没经它豺王的批准擅自参加猎杀公野猪的行动，看来也站不住脚；说这家伙是个没用的废物会成为群体的累赘和包袱，更会被豺们笑话自己是有眼无珠。这理由还真不好找呢。

夏索尔围着白眉儿转了一圈又一圈，一双贼亮的豺眼上下求索。这家伙除了身上多了几块小伤疤外，瞧不出有什么破绽。它又耸动鼻子仔细嗅闻，这家伙身上一股地道的山野食肉兽的腥味，还有一股被时间所稀释了的埃蒂斯红豺群特有的气息。老天爷，罗织罪名为何这般难啊。

不行，不能就这样算了，就是鸡蛋里挑骨头，也要挑出毛病来。夏索尔用舌尖撩起白眉儿身上的毛，往深处嗅闻。哈嗬，果然就发现埋藏在毛丛深处的秘密，有一股火炭、稻草和熟食所混合而成的气味，虽然极淡极淡，若有若无，但灵敏的豺鼻还是闻出来了。这是标准的狗的气味，经验丰富的大公豺都熟悉这种气味，都讨厌这种气味，都憎恶这种气味。夏索尔当然不知道白眉儿被逐出群体后这两年的具体生活境遇，但有一点可以肯定，两年间这家伙的生活和狗有关，不然不会沾染上狗的气味的。或许这家伙离开埃蒂斯红豺群后向人类摇过尾巴，或许这家伙和狗交过朋友，或许与哪条母狗有过暧昧关系……无论是什么，对豺来说，都是很恶心的事，都是比咬死亲娘更为严重的罪行。仅凭这家伙曾经和狗打过交道身上残留着狗的气味这一点，就可以把这黄毛大家伙永远拒之于埃蒂斯豺群外。假如这家伙还想赖着不走，干脆往死里咬，吃一顿鲜美的狗肉。

夏索尔啾啾发出两声短嚣，以示告警。立刻，豺群中蹿出四五匹大公豺，瞪着不怀好意的眼睛朝白眉儿围上来。夏索尔不停地用舌尖撩开白眉儿身上的毛，用意很明显，是要让其他大公豺也来嗅嗅，闻出蹊跷，闻出敌对情绪。

白眉儿一颗心陡地悬吊起来，当豺王夏索尔将唇吻探进它的毛丛，它就意识到事情变糟糕了，秘密将要败露，后果不堪设想。清亮的溪水只能洗去它表层的狗的气味，是无法把渗透在毛层深处粘贴在豺皮上的残余气味全部清洗干净的，它现在是逃没法逃，躲躲不掉。

大公豺们的鼻子都尖得像锥子，它身上狗的气味再稀薄，也瞒不过它们。

怎么办？怎么办？

四五匹大公豺眼看就要围拢到它身边了，突然，围观的豺群里蹿出一匹母豺，嚣叫一声，凌空跃起，跳到白眉儿头顶，在胭脂般的夕阳下像玛瑙编织的艳红的网，严严实实罩在白眉儿身上。

跳出来的母豺头上的毛有点灰暗，下巴颏豁了个口子，不时有唾液从 V 形豁口流淌出来，哦，是兔嘴。

四五匹大公豺只好在几步开外的地方停了下来，望着罩在白眉儿身上的兔嘴，不晓得该怎么办才好。

夏索尔狂嚣两声，喝令兔嘴滚开。

兔嘴愈发把白眉儿搂得紧了。

兔嘴心里十分清楚将要发生什么惨祸。整个埃蒂斯红豺群只有它确切知道白眉儿当过人类的猎狗。一年多前，它曾被白眉儿逼到一条雨裂沟里，后来白眉儿认出是它，机智勇敢地救了它的命。刚才，兔嘴一见白眉儿，立刻就猜到白眉儿猎狗生涯遇到了麻烦，做不成狗就想回埃蒂斯红豺群重新做豺。它和白眉儿之间有过一段特殊的友爱，自然十二分欢迎白眉儿归来。告别人类，迷途知返，弃暗投明，理应受到隆重欢迎。殊不料豺王夏索尔将尖尖的唇吻探进白眉儿毛丛深处嗅闻，一面嗅闻还一面发出短促的嚣叫，它立刻明白，这可恶的夏索尔已嗅闻出白眉儿身上的狗的气味了。夏索尔用心极其险恶，还呼唤其他大公豺前来嗅闻，那就是要让众豺都来证实白眉儿是异己是叛逆。豺对狗恨之入骨，决不会同意接纳一匹身上有狗味历史有疑点的豺的。白眉儿就要被豺王和其他大公豺再次驱逐出埃蒂斯豺群了，或者更糟糕，要下毒手对白眉儿处以极刑。它不能眼睁睁望着救过自己命的白眉儿被咬成七零八碎的狗肉。它罩在白眉儿身上，就是要用自己身上的正宗的豺味掩盖住白眉儿身上的狗的气味。

忽的一声，夏索尔扑了上来，用利爪狠命在兔嘴身上撕扯，它要逼兔嘴让开。

兔嘴豺毛飞旋，身上露出一条条血痕，却像条顽固的蚂蟥一样，紧紧贴在白眉儿身上。

夏索尔恶毒地嚣叫着，咬住兔嘴一条前腿，猛地闭合嘴巴，咔嚓一声，腿骨被咬断了。

兔嘴惨叫一声，疼得浑身打战，却仍罩在白眉儿身上。两匹豺仿佛被胶粘在一起了。

夏索尔叼住兔嘴已经折断的腿骨用力一拧脖颈，两寸长的一截豺爪连皮带骨被咬了下来。

浓浓的血浆从兔嘴腿上的创口漫流出来。兔嘴一面哀嚣，一面将那条断腿像把刷子似的在白眉儿身上挥刷；它流出来的是纯正的豺血，可以涂抹掉白眉儿那身被异化了的黄毛，洗刷净那股会招来杀身之祸的狗的气味。

兔嘴的豺血浸湿了白眉儿的毛丛，草坪上弥散开一股豺血的腥味。

呦呦呦呦，豺群骚动起来，众豺对夏索尔过于残忍的行为感到不满：残害同类，残害无辜，你是不是做得太过分了一点？

豺王夏索尔不得不停止这狠毒的厮杀。

母豺兔嘴仍罩在白眉儿身上，断腿继续挥刷，鲜血继续漫流。也不知过了多少时间，它的血似乎快流干了，头晕目眩，身体像块浮云，轻飘飘的没有一丝力气，两眼一黑，咕咚一声从白眉儿身上栽落下来。

白眉儿身上的罩子没了。

夏索尔简直不敢相信自己的眼睛，这个长着一身黄毛的家伙忽然间变了模样，毛色金红，在阳光的照射下，像团灼灼燃烧的火焰。这是埃蒂斯红豺群传统的毛色，不，应该说是埃蒂斯红豺群最纯正最鲜艳的颜色。几匹大公豺走过来，从四面八方将尖尖的唇吻探进白眉儿的毛丛，耸动鼻翼作嗅闻状，它们闻到的是一股十分清晰十分熟悉的本种群的气息，没任何异常。

兔嘴的鲜血把白眉儿塑造成一匹标准的豺。

“欧——”豺王夏索尔无可奈何地长嚣一声，只好接纳这说不清是狗还是豺的家伙。

豺群散开后，白眉儿到山箐里采来一株接骨风，这是一种豺所熟悉的专治跌打损伤的草药；白眉儿将接骨风在嘴里嚼烂了，涂在兔嘴的创口上，到了晚上，血总算止住了。但母豺兔嘴却永远变成了跛脚豺，身体也因流血过多而显得十分憔悴。

生活，总要会出代价的。

白眉儿重新成为埃蒂斯红豺群的一员，地位仍排在最末等，做卑贱的苦豺。生活似乎变成了一个怪圈，兜了一个毫无价值的圆，终点又回到了起点。但事实上，起点不可能再是原来意义上的起点了。生活总是在变化的，老角色也必然会有新的内蕴。表面看起来，白眉儿同两年前被驱逐出豺群时一样，成了谁都瞧不起的苦豺，但实际上，白眉儿已不再是两年前的白眉儿，它的苦豺角色当然也不再是两年前逆来顺受的苦豺角色的拷贝和翻版。

旧瓶装了新酒。

第五章　豺狼大战

阴云笼罩在埃蒂斯红豺群上空。

日曲卡山麓来了一群狼。这群狼大约有八九匹，由一匹背脊漆黑肚皮土黄的大花狼率领。埃蒂斯山谷从未有过狼。谁也弄不清这些狼是从什么地方迁徙过来的，也许是古戛纳河谷大狼群生存环境太拥挤了，分化出来的支系，类似开拓疆域的探险队；也许它们过去在遥远的古戛纳河上游生活，那儿的参天古树被两足直立的人类砍倒，大片草原被犁铧耕翻，对动物来说，失去了森林和草原，就是失去了生存的依托，只好四处流浪，这小群狼就流落到日曲卡山麓来了。

狼、豺、狗亘古时代是一家，后来才逐渐分化成不同种族的。狼和豺外貌有点相似，都是尖嘴尖耳外加一条大尾巴，都有尖利的犬牙和倒卷如铁钩的尖爪，食谱也基本相同，都喜猎美味的鹿、獐、鸡、羊、兔；狼和豺都是具有群体意识的动物，社会形态大同小异，都是一雌一雄配偶式家庭，若干个家庭纠集成一个群体；豺群和狼群都由一匹强壮的雄性担任首领，都有随时可浮动的等级制度；在狩猎方式上，也相差无几，都擅长发挥群体优势，都以奔袭为主要捕猎手段，以噬喉为主要猎杀方式。难怪在人类字典里，要把这两种动物拼合成一个拆不散的词：豺狼。

生存竞争有这么一条规律：生活习性越相近的物种越容易爆发争斗。

豺和狼在大自然这条食物链中所处的位置大体相同，向森林草原索取的是同一张食品单。在有限的食物资源面前，生存竞争是免不了的。可以说哪方土地有豺便没狼，有狼便没豺。虽然人类自作聪明地把豺狼拼合成一个拆不散的词，但事实上豺和狼共同拥有一块草原或一座森林的现象是十分罕见的。

埃蒂斯红豺群很快便尝到了狼群的厉害。

这真是一群标准强盗，超级土匪。豺群刚刚猎杀了一头马鹿，还没来得及开膛破腹呢，该死的大花狼就率领它的臣民嗅着血腥味找来了。狼们蛮不讲理地扑上来，狂嗥乱咬，把饥肠辘辘的豺撵开，围着马鹿大吃大嚼，那得意劲儿，仿佛是谁在请它们吃公费宴席。

豺们辛辛苦苦捕获的猎物倒被狼享用了，这等于被抢了饭碗，当然不肯罢休，免不了会发生冲突。

豺和狼有许多共同之处，当然也有许多明显的差异，最大的差异是豺的身体没有狼高大雄伟，最瘦小的母狼也比最强壮的公豺高出整整一个肩胛。假如有位办事粗枝大叶的外星球观察家用激光望远镜粗略地比较一下地球上的豺和狼，恐怕很难不得出这样一个结论：豺是缩小的狼。假如一匹豺和一匹狼单独较量，豺绝不是狼的对手。当然，在险恶的丛林里，力量并不完全取决于骨骼的尺寸肌肉的强韧和爪牙的锋利；体格虽然是力量的基础，却并非是唯一的决定因素。更起关键作用的是智慧，是发达的头脑。豺之所以敢把力大无比的野牛和性格暴躁的野猪也列入自己的食谱，凭的就是智慧的力量。

遗憾的是，豺体力比不上狼，智力也不占上风。据人类科学家在实验室解剖后发现，豺脑和狼脑脑回的构造大同小异，脑容量也不差上下。

可以这么说，豺所掌握的所有狩猎艺术，如蜂拥而上，突然袭击，半途埋伏，声东击西，分割包围，各个击破等等招数，狼也都会，并有相应的对付办法。即使是豺最绝的一招，抠肛门捅屁股眼，在狼身上也展不开威力。狼没等豺扑到自己背上，早就扭转狼腰用尖嘴厉牙对付偷袭者了；即使面前有一匹豺正在纠缠不清，狼无法扭身用牙齿去对付来自背后想抠肛门的豺，狼也会十分机敏地在豺扑到自己背上的一瞬间，突然尥蹶子用强劲的后腿把背上的豺踢开，或者猛地在地上翻个滚，来个兔子蹬鹰的架势，把企图抠肛门的豺蹬得血痕累累。

这真是比魔鬼更魔鬼的狼群。

几次争食冲突，埃蒂斯红豺群不仅没占到什么便宜，还吃了亏，有两匹公豺被狼咬伤了。

他妈的大自然，既造化出豺，又何必再造化出狼呢！

这是埃蒂斯红豺群夏索尔豺王发自内心的感慨。

硬的不行，就来软的。豺王夏索尔在万般无奈的情况下转而采取逃避政策，远远嗅到狼的气味，赶快率领豺群撤离；每次狩猎前，先观察嗅闻侦听，证实附近没有狼，这才动手，咬死猎物后，尽量争时间抢速度在极短的时间里把猎物撕碎嚼烂吞进肚去，狼群嗅觉再灵敏，行动再神速，闻讯赶来也只有捡食残剩的骨渣和皮囊了；即使到手的猎物被狼群半路抢劫了去，也忍气吞声，权当被贪心的儿子抢食了。

夏索尔心里抱有一种侥幸的想法，这群恶狼是日卡山麓的匆匆过客，暂时逗留一阵，很快就会迁居到别的地方去的。对付不受欢迎的客人，最好的办法就是不予理睬，用冷漠代替热战，狼群自觉没趣，就会离开，埃蒂斯红豺群就不战而胜，万事大吉了。

夏索尔对狼群之所以采取这样的对策，还有一个十分重要的原因。按埃蒂斯红豺群祖辈传下来的规矩，面对强敌，豺王责无旁贷地要挺身而出去战斗。豺群不像人群，人群的现代首领可以躲在地下室防空洞或远离战场的指挥所指挥战斗，可以一面饮酒品茗，一面发布战斗命令，既潇洒又安全；自己的身体不直接与敌手接触，即使有死亡，死神也是先光顾了许多臣民后才最后光顾首领自己；豺王就没有这么幸运了，必须面对面与顽敌较量，假如对手强大，很可能第一个负伤第一个流血第一个倒霉的就是豺王自己。一旦被打败，悲惨的结局可想而知；即使侥幸打赢了，它夏索尔也难免受伤，觊觎王位的大公豺就会乘虚而入取而代之。谁愿意拿自己的性命去开玩笑，谁愿意在一场还无法预卜胜负的较量中拿自己的身家性命当赌注随意压上去呢。因此，妥协还是搏杀，它选择了妥协。

从概率学上说，丛林里野生动物之间发生的流血冲突事件比人类社会发生的流血冲突事件要少得多。有一种理论认为，假如人类社会能形成这样一条法规，凡首领都要身先士卒冲锋陷阵，将领要和士兵冒同等的生命危险，战争起码要减少三分之二。

言归正传，豺王夏索尔一厢情愿的美丽的幻想很快就像肥皂泡似的破灭了。十几天过去了，狼群不仅没迁徙，还在雪线下向阳的山坡上寻找冬暖夏凉的洞穴，一家一户住了进去，瞧这阵势，是要安营扎寨落地生根在日曲卡山麓永远定居了。这还不算，狼群竟然嗅着气味寻找足迹追撵埃蒂斯红豺群，明目张胆地进行挑衅。大花狼的意图十分明显，要把豺群赶出日曲卡山麓，把这片食物丰盛的土地占为己有。赤裸裸的弱肉强食，连和平共处的原则也不讲了。埃蒂斯红豺群祖祖辈辈都生活在这里，岂肯轻易相让。领土权就是生存权，当然不能等闲视之。

再也不能装聋作哑了，豺王夏索尔想，这时它如果再无所作为，一味望风披靡，让狼群得寸进尺，不仅埃蒂斯红豺群赖以生存的领地将丧失殆尽，它的威信也会一落千丈，成为众豺眼中平庸胆怯不能在危难时刻庇佑臣民的无能的豺王，豺王的地位也就岌岌可危了。

它只好硬着头皮麻起胆子来同狼群决一雌雄了。

战场就在弯曲的雪线下一片白杨树林里，秋风萧瑟，地上铺满了一层枯黄的叶子。豺群散成三角形，豺王夏索尔在最前列，第二梯队是年轻力壮的大公豺，最后面是母豺和幼豺，红彤彤一片，向狼群压过去。

好一场恶战，树梢的鸟儿都逃匿到远方去了。

大花狼嗥叫着向夏索尔扑来，狼王和豺王扭成一团在地上翻滚，枯叶被压得沙沙嚓嚓响，碾成粉末状。夏索尔假如对付一匹普通的草狼，或许还能凭借着豺王的胆魄和智慧，意志和经验，与对方咬个平手。恼火的是，自己面对的是狼中豪杰，狼毛亮得像彩釉，嘴吻尖得像锥子，犬牙白森森泛着冷光。双方的爪牙还没碰撞，夏索尔气势已瘪了三分。眼看大花狼两只前爪向自己肩胛搂来，它急忙做了个空中噬喉的动作，想咬住大花狼的一只爪子。大花狼反应十分敏捷，在空中将狼颈一扭，就把狼爪收缩回去。豺牙咬了个空。

对夏索尔来说，这结局不算糟糕，总算没让大花狼居高临下搂住自己的肩胛——假如被搂住，后果不堪设想，大花狼会凭借体力优势，将它颈椎叼住撕扯的。对任何脊椎动物来说，颈椎是整个身体最虚弱的环节。许多猛兽如老虎豹子，都喜欢在扑到猎物身上后，咬住猎物的颈椎，颌骨一拧，咔嚓一声，把猎物的颈椎拧断。任你是獠牙锋利的野猪还是水中霸王鳄鱼，颈椎一断，便瘫软成一摊稀泥。

虽说夏索尔避免了被大花狼搂住肩胛噬咬颈椎，但另一个它没意料到的打击却接踵而来——它空中噬喉靠的就是一股蹿跳的猛力，高高跃起，闪电般前扑；大花狼也差不多是这么个动作。訇的一声，豺头和狼头在空中撞了个正着。狼是铜头铁腿麻杆腰，脑壳十分坚硬，在同牦牛、马鹿这些大型食草类动物周旋时，往往用脑壳撞击这些动物的胸腹，能把肋骨撞断；豺头虽也不是豆腐做的，却在硬度上远比狼逊色。猛地一撞，豺王夏索尔疼得一声惨嚣，眼冒金星，豺耳朵里嗡嗡作响，像截朽木似的从空中栽落下来。大花狼却没事一样，仍在落地后刹那间弹跳起来朝夏索尔扑来。夏索尔这时的感觉，自己犹如变成了一枚软壳蛋，一座小山正在向它压来。但它毕竟是豺王，这种恐怖的感觉转瞬即逝。它明白，在这千钧一发之际，任何慌乱都会带来灭顶之灾；怕是无济于事的，认输求饶也不会获得赦免；丛林里没有宽大俘虏一说。它眼看大花狼向自己压下来，便就地一滚，好险哪，只差一秒钟只差一寸远自己就被大花狼压在身体底下了。

大花狼不愧是狼群的首领，不给夏索尔任何定神、喘息、镇静、休整的机会，又一次直立欲扑。夏索尔离狼仅一寸远，躲是躲不掉了，跳也没时间跳，只有直立起来依葫芦画瓢地张开两只前爪，想拦住已扑到面前的大花狼。豺爪与狼爪纠缠在一起，豺王和狼酋像一对久别重逢的情侣，又像一对和谐的舞伴。

夏索尔很快就支持不住了。情侣也是假的，舞伴也是虚的，其实是要它性命的恶狼。它的前腿被狼牙撕咬开，红色的豺毛与枯黄的白杨树叶在树林里烟尘似的腾飞，呦嗽，呦嗽，它发出短促的嚣叫，是在招呼同伴相助。它知道自己身后跟着察迪、约克和黑耳朵等十几条大公豺，它身为豺王已经浴血奋战了，它的臣民总不至于袖手旁观吧。

可是，身后没有援兵救驾的动静。

难道说埃蒂斯红豺群已被这些恶狼咬得狼狈不堪地溃逃了吗？这不可能。豺虽然不是百兽之王，却也不是闻到血腥味就丧魂落魄的食草动物。一般来说，它豺王不逃命，豺群就不溃散。

有一次，豺群在怒江峡谷一块滩涂上和一匹雪豹不期相遇。一般说来，豺对成年雪豹不感兴趣，只对没有防卫能力的豹崽流口水。因此，当豺群远远看见滩涂上站着匹雪豹，便想采取井水不犯河水的策略，绕道而行。

不知这匹雪豹是正在为找不到配偶而发怒，还是年幼时曾遭到过豺群围攻而与豺结下了宿怨，竟吼叫一声朝豺群扑过来。雪豹奔走时最快速度可达每秒三十米，堪称丛林里的短跑健将，豺是无法逃得脱这种快速追撵的，夏索尔只好率领大公豺们迎战。也是一番惊天动地的厮杀，豹爪左挥右扫，把好几匹大公豺掴得皮开肉绽；豹尾上挑下抽，把红色豺毛抽得像天女散花。豺群有点抵挡不住雪豹凌厉的攻势，呦呦呜呜哀嚣着，想“脚”底抹油——溜了。当时夏索尔刚从普通大公豺擢升为豺王，血气方刚，很想借这个机会崭露头角，威慑众豺，便咬着牙不退却。豺群见它玩命，也只好横下心来奉陪到底。雪豹虽然勇猛，动作快捷，却缺乏耐力，厮咬了一阵，渐渐力乏，终于长吼一声，逃之夭夭了。

难道说狼比雪豹更可怕，豺群弃豺王而不顾自行逃跑了？不，绝不可能。体格相对瘦弱的豺之所以能在日曲卡山麓称王称霸，靠的就是步调一致的铁的纪律。豺王不倒，豺群不会跑掉的，这是生存压力下养成的本性，早已变成遗传基因溶化在血液里了。

可是，身后的大公豺为什么不来相帮？

夏索尔将豺嘴朝大花狼颈窝探去，大花狼扭颈躲避，夏索尔趁机朝身后瞥了一眼，这一看，它差点没晕死过去。

真是狡猾透顶的狼！除了首领大花狼缠住它夏索尔外，其余八匹恶狼没按打群架的普遍规则和大公豺们揪成一团。恶狼或者绕道，或者硬闯，或者跳跃，越过了由大公豺组成的第二梯队，嗥叫着扑向待在后方的母豺和幼豺。这无疑是避实就虚避强击弱，母豺纷纷发出求救的尖嚣，幼豺四处乱逃，像丢了魂似的乱嚷嚷。豺哭狼笑，整个白杨树林里恓恓惶惶。有一对金背小松鼠从树洞里慌忙逃出来，攀着树枝逃向远方。豺是家庭观念颇重的动物，家庭是豺群的核心单位，每一个被恶狼追逐的幼豺都是某一匹大公豺的小宝贝，每一匹尖嚣哭泣的母豺都是某一匹大公豺所钟情的妻子。情牵着情，心连着心。大公豺们像爪子踩着了火炭似的飞快地奔向自己的妻儿。护群的本能被保家的冲动代替了。大公豺们都心急火燎地跑回自己的幼豺跟前，和母豺首尾相顾把自己的小宝贝护卫在中间。

这情景当然是挺感人的。

不幸的是，豺群已由一个坚强的战斗集体崩溃成一盘散沙。

没有豺群哪里还有小家庭啊。你们这些可怜可悲可恨的目光短浅的大公豺，上了恶狼的当啦，狼就是利用豺的心理弱点来搅乱豺的阵脚，摧毁豺的斗志，瓦解豺的群体优势，以少胜多，最后达到把埃蒂斯红豺群驱赶出日曲卡山麓的目的。夏索尔连连嚣叫，试图用豺王的威势惊醒被私心迷住了心窍的正处于混沌中的大公豺：认清形势，端正态度，顾全大局，回心转意，狠斗私字一闪念，重整旗鼓，同仇敌忾，将散沙重新聚合成铁锤，砸向万恶的狼。可是，所有大公豺的耳朵仿佛都聋了似的，夏索尔叫得脖子发痒发胀发疼也没有谁来理它。

家庭是私有制的起源，私心是社会可怕的蛀虫。

瞧，平时对自己忠贞不贰的察迪，正掩护着它自己的豺崽向白杨树林外的荒原逃命呢。

还有好几匹大公豺也都护卫着妻儿准备开溜了。

本来夏索尔就不是大花狼的对手，勉强支撑着。回首窥望分了心，更是输得一塌糊涂，冷不防被大花狼咬住了脖子，幸好没咬到脖颈正中的喉管，而是咬到了侧面的颈皮。它用力一挣扎，颈皮破裂，温热的豺血漫流出来。大花狼嗅到了血腥味，更加激动，更加猖狂，朝它乱撕乱咬。它几乎没有还手之力了，急忙使出豺的最后一招，腾出一只后爪去抠挖大花狼的屁股眼。大花狼深知豺爪捅肛门抠肚肠的厉害，急忙弹跳开。夏索尔趁机一溜烟似的朝荒原飞奔。豺群已经乱成一锅粥，它没必要白白送死。大势所趋，它身为豺王也没有回天之力了。

天地君亲师，逃命最要紧。

夏索尔一逃，豺群更是像雪崩像滑坡像被秋风扫荡的树叶那样，稀里哗啦逃散了。

哎哟妈妈，只恨你少给我生了两条腿。

当天傍晚，溃散的埃蒂斯红豺群从山箐、河沟、乱石冈、芦苇丛钻出来，趁着暮色掩护，在埃蒂斯山谷通往怒江的小路上聚拢。没有一匹豺的尾巴是竖起来的，各个都耷拉着脑袋，豺眼蒙着一层厚厚的忧郁。和狼群的这场鏖战，一匹名叫琪琪的母豺和两只幼豺死于非命，有五六匹大公豺身上挂了彩。夏索尔的脖颈也开了花。

真正是惨不忍睹。

埃蒂斯红豺群的日子越来越不好过了。这群恶狼自从在白杨树林里大获全胜后，气焰更加嚣张，完全不把埃蒂斯红豺群放在眼里了。只要瞧见红豺群的影子，就嗥叫着冲过来噬咬。似乎埃蒂斯红豺群突然之间变成了不堪一击的兔子，可以任意欺凌侮辱。豺群不知怎么搞的，食肉兽的胆魄萎瘪了，听见狼嗥就会豺毛倒竖吓得灵魂出窍，瞧见狼的影子就会不由自主地转身逃命。

有一次黎明时分，豺群心惊胆战地绕远路钻进日曲卡山麓觅食。天色有点暗，远远望见山岬那儿有几个黑黢黢的剪影，不知是谁看花了眼，以为又遇到狼群了，尖嚣一声扭头就逃。豺群受了传染，也跟着跑。

逃了一阵儿，见身后没动静，夏索尔壮着胆子喝令豺群停下来。几匹大公豺战战兢兢摸到山岬一看，满地都是黑色豌豆状的羊屎，空气中弥漫着一股浓烈的羊膻味。草叶上找不到一根狼毛，空气中也嗅不到一丝狼的腥臊味。

把岩羊当做了狼，虚惊一场。再也没有比这样的误会更使夏索尔感到丢脸的了。见了羊也会扭头逃命，简直就是纸糊的豺！

野生动物都是这般德性，敌对双方经过一番殊死的较量，胜利者和惨败者一经确认，尊卑高低的位置就算形成，在很长一段时间里，失败者都很难再鼓起勇气来重新和胜利者争输赢。

几乎每一匹豺都感到沮丧，感到委屈。美丽的家园被狼群强占了，只好偷偷摸摸溜进日曲卡山麓觅食，过着饥一顿饱一顿的日子。像贼一样，成天提心吊胆，活得也太憋气了。

豺群变得有些神经质了。

母豺菲莎竟然流产了，这在埃蒂斯红豺群中是十分罕见的事。在又一次被狼群追得走投无路时，老豺大泡眼竟从高高的悬崖上自坠身亡。夏索尔永远不会忘记大泡眼奔到悬崖边缘，背后是穷凶极恶的狼，前面是百丈深渊，大泡眼在跳下去时，朝它夏索尔投来一瞥，那是什么样的眼光啊，怜悯、鄙薄、讥诮、绝望……似乎在对自己身为埃蒂斯红豺群一员感到羞惭。它夏索尔当时就有一种尖刀剜心般的痛楚。它绝不是无赖豺王，它知道荣誉和责任是联系在一起的。它有责任让每一匹豺都为自己是埃蒂斯红豺群中的一员感到骄傲。这种个体对种群的归属感和信赖感，是一种最佳精神黏合剂，是一种可贵的凝聚力。然而现在，豺们对自己所属的群体竟然产生了信仰上的动摇。这种精神危机一旦像瘟疫似的蔓延开，就会导致种群的分崩离析。

还有更可怕的事呢。

金秋季节，是豺的发情期，以往这个时候，大公豺皮毛亮得像天边的云霞，年轻母豺的皮毛亮得像早晨的太阳。山坡上到处是调情的追逐、打闹与戏嬉。当天色熹微，年轻的母豺就会用爪子蘸起草叶上大颗大颗晶莹剔透的露珠梳理自己身上的皮毛，以美化自己的形象，对得起观众。狩猎也变成了一种内涵丰富的竞赛。

瞧，灌木丛里蹦出一只长耳兔，立刻，大公豺们蜂拥而上，夸张地嚣叫着，舞蹈般地扑蹿着，即使豺舌舔到了长耳兔脆弱的喉管，也不会立即用豺牙去咬断。这已不是单纯的猎食，而是一种展示才华的表演；只要长耳兔没被吓得胆囊迸裂心脏停止跳动呜呼哀哉，这场表演性质的狩猎就会尽量拖延。有的大公豺呼地从平地蹦跳一丈多高，豺嘴顶着长耳兔的屁股，就像海狮表演顶皮球一样，把长耳兔顶到半空；有的大公豺恶作剧地咬下满嘴兔毛，像吹蒲公英似的把兔毛吹得满天飞舞；有的大公豺在空中鲤鱼打挺和素有跳高能手的长耳兔比看谁在空中逗留的时间更长些；有的大公豺不顾被兔爪在脊背上蹬出血痕，瞅准机会像马一样驮着长耳兔飞奔……大公豺八仙过海各显神通，淋漓尽致地炫耀自己强健的体格、勇猛的胆魄、娴熟的捕猎技巧和养育后代的卓越能力，以博取异性的青睐。直到长耳兔精疲力竭倒毙在地，游戏才算结束。霎时间，大公豺们的利齿从各个角度叼住长耳兔，发一声威，将长耳兔撕成一块块兔肉，奉送到各自心爱的母豺面前。

夜幕降临后，石洞、石缝、石凹、石旮旯，不时会传来豺的轻嚣曼叫，说不清是喁喁情语还是海誓山盟抑或是一场严肃的婚姻谈判。当然，跟其他野生动物一样，豺群每到发情期也会出现争偶的纠纷，甚至发生两雄相残的暴力事件，但那无非是生命繁衍种群兴旺过程中一两支变调的小插曲罢了。

可如今，小溪边矢车菊一簇簇盛开，树林里红叶烂漫，秋季发情期已经来到，豺群却不见了以往的欢腾与热闹，公豺母豺冷漠相处，死气沉沉。巨大的生存压力抑制了生命的本能冲动。

繁衍后代的机制一旦遭到破坏，停顿下来，种群就失却了新陈代谢的活力。

日曲卡山麓的金秋季节十分短暂，一眨眼，白色的冬天就来临了。几场风雪过后，雪线已降至山脚。本来，冬天就是食物匮乏的季节，即使没有狼群，要寻找到足够的食物也很困难，现在，在狼群的淫威下，埃蒂斯红豺群更是穷途末路，吃了上顿没有下顿。更要命的是，雪地行走会留下不易抹去的痕迹，狼群常常循着豺群的足迹追踪而来。

豺群被迫退到了怒江边。

怒江不会封冻，湍急的江水在江心卷起一个个旋涡。现在留给埃蒂斯红豺群的唯一生路，就是渡过江去。怒江是条界河，日曲卡山麓到此为止，对岸是个陌生的蛮荒之地。只要渡过江去，就算是摆脱了狼群的威胁。可是，夏索尔领着豺群在怒江边徘徊了整整三天，仍下不了渡江的决心。

热土难舍，埃蒂斯红豺群世世代代生活在日曲卡山麓，每座山头每条沟壑每道溪流每片树林每丛灌木都熟悉得闭着眼睛也能走到，爪子踩在这块土地上，立刻就会有一种血脉相连的亲近感。渡过江去，等于被剥夺了生存领地，变成一群没有根基的流浪豺。离乡背井，集体逃亡，无疑会在每一匹豺心灵上刻下屈辱。一旦渡过江去，再不可能回来了，狼群没了竞争对手，会在日曲卡山麓这块丰腴的土地上迅速繁殖，几何级数地增长，用不了两三年时间，就会发展到数以百计的大狼群，更会像对付蚂蚁似的对付豺群。再说，对岸免不了也会有凶猛的食肉兽，埃蒂斯红豺群能否在陌生的土地上站住脚，也是个大问题。还有，豺虽然会泅水，但只会很蹩脚的狗爬式，在汹涌的怒江里，恐怕很难避免会有老豺和幼豺被激流冲走或被旋涡吞没，成为江猪或其他大鱼的食物。

渡过怒江，迁徙他乡，绝对是个下策。

可是，总比待在日曲卡山麓活活饿死或等着被狼群消灭要好吧。

在又一次被狼群跟踪追击后，豺王夏索尔下决心渡江了。晚渡不如早渡，与其成为恶狼的腹中餐，还不如含泪告别故乡逃一条生路呢。

可突然间，局面发生了意料不到的逆转。

扭转乾坤的是白眉儿。

在日曲卡山麓发生狼害时，白眉儿并没有消失，仍在埃蒂斯红豺群活着，同其他豺一样，也饱尝了被狼群欺凌的苦楚。所不同的是，它没遭到狼的正面袭击。不知为什么，狼群似乎对它特别客气，特别照顾，正面撞见它了，也不过张牙舞爪嗥叫几声，只要它转身退却，狼便网开一面，不来追逐。母豺兔嘴被夏索尔咬断了一只前爪，还没好利索，跑起路来一颠一簸，十分费劲，很容易成为狼爪下的牺牲品，白眉儿就终日陪伴在兔嘴身边，只要一遇到狼群，便紧紧贴着兔嘴一起逃命。所以，尽管兔嘴瘸了一条腿，倒也没受到狼的伤害。

比较起来，白眉儿不怎么惧怕狼。它在当猎狗时，曾跟着主人翻过雪山垭口到古戛纳河谷猎过狼。狼虽然凶暴，也是猎人的手下败将。狼和其他野兽一样，被主人手中那杆会喷火闪电的猎枪击中，照样会脑壳破碎脑浆喷溅。狼的生命其实也是很脆弱的。它和一匹黑狼较量过，虽然自己臀部被咬出一块金钱状伤疤，却也把黑狼一只耳朵和半张脸撕了下来。当然，那时候有主人在身后撑着腰，狗仗人势，它什么也不怕。但不管怎么说，它的生命史上有着咬败狼的光荣记录，就像游过泳的人不再害怕水一样，这种胜利者的心态一直伴随着它。

白眉儿是个混血种，父亲洛戛是条大狼狗，身上有十六分之一狼的血统。它体格比豺高大得多，虽比不上首领大花狼，但和其他狼比却毫不逊色。因此，很自然，白眉儿并不像豺那样在体魄健壮的狼面前有一种自卑感。

但是，狼害整整持续了近两个月，白眉儿却一直不敢挺身而出与恶狼交锋，有两重原因，一是它觉得自己再勇猛，也不是八九条狼的对手，豺们见狼闻风丧胆，它是孤掌难鸣；二是它觉得自己刚刚被接纳进埃蒂斯红豺群，立足未稳，根基不牢，大家都怕狼，唯独它跳出来与狼搏杀，不等于在贬低大家吗？两年前它就是因年少不懂事，争强好胜，结果得罪了豺王夏索尔，被逐出群体，漂泊流浪，几度生死，至今想起来仍心有余悸。

惨痛的教训使它明白了该怎样做豺，那就是处处谨慎，事事随大流。要不是眼瞅着兔嘴没命了，它也不敢孤注一掷朝大花狼扑过去的。

狼群真是欺豺太甚了。那天黄昏，埃蒂斯红豺群垂头丧气地散落在怒江一片宽阔的沙滩上，朝着落日长吁短叹，突然，狼群像幽灵似的出现了。这次进攻不同往常，往常狼群一开始进攻时总是彼此靠近彼此呼应，在首领大花狼的率领下，从豺群中间突破，迫使豺四下逃散。但这一次，八九匹狼却从东南北三面形成一个包围圈，西面是波涛汹涌的怒江。狼群的意图十分明显，就是要把埃蒂斯红豺群赶过怒江去，赶出日曲卡山麓，一劳永逸地解决问题。这群狼本来数量就少，散成包围圈，队形就更稀疏了，每匹狼都单独面敌，狼与狼之间不可能再首尾相顾，彼此照应。豺群在数量上占绝对优势，假如这时豺群奋起反击，三四匹大公豺扭住一匹狼，狼再凶猛，也会被咬得落花流水的。遗憾的是，豺群屡次被狼群击败，反抗的意志早被摧毁，形成了一种失败的心理定式，一见狼就惊骇奔逃。奸诈的大花狼也一定摸透豺都变成了惊弓之鸟，这才敢不顾狼数量上的劣势把队伍散成包围圈的。

狼们嗥叫着，从东南北三面向豺群压来。

豺王夏索尔痛苦地垂着脑袋，耷拉着尾巴，退到江隈，又退到水线上。整个豺群呜呜咽咽也跟着退到水线边缘。狼自然不会罢休，步步紧逼，在江岸上狂嗥乱叫。豺群无路可逃，被迫蹚进江去。江水冰凉，寒冷彻骨，嫩黄色的江面倒映着白的雪峰和红的夕阳。还没蹚到江心，就有一匹名叫灰枭的老豺一脚没踩扎实，被激流冲倒，顺着江水往下游氽去，在浪花翻卷的江面时隐时现，冲出几十丈后，灰枭老豺最后在白浪间露了一下脑袋，留下一声水淋淋的哀嚣，便永远消失了。谁喜欢水葬呀，本来就惊恐万状的豺群更急得像热锅里的蚂蚁，在浅水湾你踩我我挤你，你蹦起来我蹿出去，水花四溅，活像在表演一场蹩脚的水上芭蕾。

兵败如山倒，豺败也如山倒，怒江里一片混乱。没有牵挂的单身豺游得最快，差不多已游出浅水湾了；带着幼豺的母豺让幼豺叼住自己的尾巴，吃力地划动四肢，缓慢地向江心游去；有家的大公豺游在母豺和幼豺侧面，用自己的身体挡住浪头；年老体衰的豺则滞留在浅水湾不知该如何是好。

指挥已完全失灵。豺王夏索尔知道自己在溃败的豺群中已丧失了权威，便知趣地放弃了指挥权。它挤在豺群里，闷声不响，自己管自己逃命。它知道，除非生出三头六臂来，已无法挽回被狼群逐出世袭领地这样一种悲惨的结局。

唉，早知道这样，还不如早两天就渡过江去呢；次序井然地渡江，肯定能减少许多不必要的损失。现在，后悔也晚了。

狼群仍呈包围态势，散在江边的沙滩上，像群催命鬼似的为豺群送行。

这时，白眉儿正护卫着兔嘴由浅水湾往深水区撤退。兔嘴瘸了一条腿，在陆地行走还马虎，下到江里，便无法保持身体平衡，才蹚进浅水湾，就一步一个歪仄，三步一个趔趄。灰枭老豺就在它前面五六米远的地方被激流卷走的。它吓坏了，对它这样的瘸腿豺来说，前面的激流也是张牙舞爪想把它一口吞噬的怪兽，和背后那群穷凶极恶的狼本质上没多大区别。它发疯似的在原地打了两个旋转，竟掉过头来朝岸上奔去。

大花狼箭也似的从沙滩跃进浅水湾，兜头拦截兔嘴。

大花狼以为兔嘴掉头回岸是要朝狼群反扑，对狼来说，这种反抗意识是极其可怕的，豺在数量上占绝对优势，假如众豺都学兔嘴的样，都掉转头来，狼群就会前功尽弃，并面临一场灾难，所以，它要亲自出马迅速制伏胆敢掉过头来的兔嘴。

大花狼跃进浅水湾，江面沸腾起一片恐怖。兔嘴见狼酋恶狠狠地向自己扑来，出于一种习惯性的恐惧，又回转身朝滔滔江心逃命。对兔嘴来说，前后都是死敌，朝哪个方向逃都差不多。浅水湾的江底铺着一层鹅卵石，鹅卵石上粘着墨绿色的青苔，兔嘴三只爪子落地行走，踩在青苔上，步步打滑，逃得比海龟在沙滩上爬还慢。刹那间，大花狼就扑到了兔嘴的身上。兔嘴正在齐脖深的水里，被大花狼粗暴地一按，豺头沉下水去，咕噜咕噜，呛了好几口江水，江面冒出一串气泡。大花狼两只前爪从兔嘴背上收回来，绕到那串气泡前，狼眼发绿，残忍地磨动着牙巴骨，它要杀一儆百，让豺群不要再抱什么幻想，不要再在浅水湾磨磨蹭蹭，更快地渡过怒江去。

白眉儿一直跟在兔嘴身后，它一看就明白大花狼绕到那串气泡前想干什么。豺不会潜泳，兔嘴沉在江底呛了几口水，惊恐万状，一定会拼命挣扎将脑袋竭力向上伸，伸出水面呼吸新鲜空气；豺脖儿必然抻得笔直，喉管暴突出来，一副引颈就戮的姿势；那豺脖子伸出水面刚好就在大花狼的利齿前，而狼最拿手的杀戮方式就是噬咬猎物的喉管。

兔嘴简直就是为让大花狼咬断自己的喉管提供了一切方便。

江面漂起一团黑色淤沙，淤沙间竖起两只三角形的豺耳朵……

白眉儿再也不能袖手旁观了。现在别说面前只有一匹大花狼，即使八九匹狼都聚在一堆，它也会奋不顾身冲上去的。兔嘴曾用自己的血涂红了它的毛色，掩盖了它身上狗的气味；要是兔嘴不扑到它的身上保护它，那只前爪就不会被豺王夏索尔咬断，就不至于会在浅水湾的鹅卵石上东倒西歪连站也站不稳，换句话说，兔嘴就能像其他健康的豺那样用蹩脚的狗爬式慢慢渡过怒江去。

说到底，兔嘴是为了救它白眉儿才陷入要被大花狼咬断喉管的险境的。就算前面是龙潭虎穴，它白眉儿也要闯一闯了。

大花狼虽然凶残，但它白眉儿也不是兔子投的胎。两年来，白眉儿已完全发育成一匹体魄强健的成年大公豺。它当过沦落天涯的孤豺，饱受过欺凌，经受过弱肉强食丛林法则的考验，懂得生活的甘苦；它做过近两年的猎狗，受过人类文明的熏陶，豺脑筋被人类的智慧点化过，聪慧过人，智商极高；它无数次撵山狩猎，与普通豺会闻风丧胆的虎豹多次打过交道，在猎场上技艺精湛，勇猛无比；它命运坎坷，在豺窝里混过也在狗窝里睡过，具有豺和狗两种动物的生活阅历，视野开阔，见多识广；它在成功与失败、辉煌与潦倒间几起几落，沧海沉浮，磨砺了坚韧不拔的意志。无论从哪个角度去看，它都不比大花狼差。

白眉儿凌空蹿跃起来了。为了拯救有恩于自己的母豺兔嘴，也为了雪耻种群的耻辱，它勇敢地朝比自己高出半个肩胛的大花狼扑了过去。

白眉儿起跳的位置正好在大花狼的左侧，它没有嚣叫，也没有张牙舞爪虚张声势，闷声不响就蹿了起来；对付恶狼，没必要发布任何形式的战争宣言。被残阳映红的江面涌起一朵蘑菇状的水浪，水浪中间竖起一个威严的身影。人花狼正专心致志地等候兔嘴的脖颈从水面露出来，压根儿就没想到旁边会冒出个胆敢主动进攻的豺来。它被两个月来在同埃蒂斯红豺群较量中所赢得的一连串的胜利弄得有点忘乎所以了；在它眼里，豺简直同闻见血腥味就会腿儿打战的绵羊可以画等号。等到它听见侧面有水响的动静，警觉起来，已经晚了，白眉儿已以雷霆之势扑到它的头顶。假如换了一匹普通的狼，面对这种突如其来的猛烈扑击必然会惊慌失措，扭头躲避，大不了腰以下的某个部位被豺爪撕破被豺牙咬伤。扭头躲避虽然有点狼狈，跟抱头鼠窜相差无几，但总比脑袋遭打击要好一些。能屈能伸，不失为一种明智的选择嘛。但大花狼没这么做。大花狼任何时候都不愿做有损自己光辉形象的事。它不愧是久经考验的狼酋，瞄到从头顶压下来的白眉儿，既不扭身逃窜，也没任何慌乱，两条后腿在水底的鹅卵石上用力一蹬，身体直直地竖跳起来；它想再一次重演挫败豺王夏索尔的伎俩，用坚硬的狼头撞击对方，把对方撞得晕头转向，然后自己变被动为主动。

白眉儿可不是豺王夏索尔的翻版。

大花狼犯了个经验主义的错误；缺乏理智的野生动物是很容易犯经验主义错误的。

白眉儿本来设想压到大花狼背上后，咬住大花狼的一条后腿，无论对方怎样反扑，也绝不松口，直到把大花狼的腿骨咬断为止。它很清楚，跟狼交手，一开始就要进行致命的攻击，不能像在豺群里跟同类相斗那样逐渐升温逐步升级；性命攸关，你死我活，全凭开始那股锐气了。豺在本质上并不比狼慈善，心狠爪辣才能置狼于死地。没想到大花狼会像人那样两足直立弹跳迎战，并企图用狼头来撞它的豺头。白眉儿反应极其敏锐，立即扭动豺腰，划动四肢，在空中做了个短暂的停顿。刹那间，大花狼脑袋撞了个空，身体超越了白眉儿的高度，狼脖儿恰巧与白眉儿的豺嘴形成一条水平线。机不可失，时不再来，白眉儿趁势来了个空中噬喉，这是它的猎食绝招，它曾用这个绝招战胜过许多凶猛的野兽。遗憾的是，它是在齐脖儿深的水里起跳的，空中噬喉的动作又是随机应变发挥的，力量与准确性都受到了影响，只咬到了大花狼左侧的颈根，而不是致命的喉管。

白眉儿和大花狼同时跌回水里。白眉儿在落到水里的一瞬间，胡踢乱蹬，狂跳疯蹿，借着水的力量，噗，在大花狼左侧的颈根咬开了一个口子，狼血染红了一块江面。那块被撕破的颈皮还有一半粘连在大花狼的颈根上，白眉儿仍紧紧咬住不放。

大花狼哀嗥一声，身体一仄，喝了两口混杂着狼血的江水，呛得咳嗽起来，它晓得，假如继续被白眉儿像蚂蟥叮血似的叼住耳朵不放，它不但无法反咬一口，还很有可能会被江水呛得窒息。它横了横狼心，大幅度摆动狼头，硬是把那块已被咬破却还粘连在脖子上的颈皮彻底给撕了下来，就像从树上撕下块树皮那么随意。它宁肯让狼血喷得更凶，宁肯脖颈上永远留下抹不去的疤瘢，也要从讨厌的豺嘴里脱出身来，获得反扑的权利。这就是典型的狼酋性格。大花狼曾单独对付过一只两岁龄的小狗熊，当时它咬住小狗熊的喉管后，小狗熊两只巴掌在它背上像擂鼓似的拍打、捶击、掴劈，把它的脊背撕得稀烂，就像是一只球状闪电放到脊背上炙烤一般剧痛难忍，但它仍紧紧咬住小狗熊的喉管不放，直到小狗熊呜呼哀哉。

区区一块颈皮又能算得了什么。

一阵撕裂的痛楚后，大花狼终于从白眉儿身旁跳开去。它虽然受到了料想不到的打击，却并不沉重，也非致命；它往前蹿跳，试图蹿出丈把远后，能安全地没有障碍地掉转头来，喘半口气，镇定一下情绪，然后以十倍的疯狂，百倍的仇恨，把身后那匹令狼讨厌的毛色偏黄的大公豺置

于死地。

换一匹普通的公豺或一条品系一般的猎狗，嘴里叼着一块血淋淋的狼肉，会炫耀地摇首摆尾，会骄傲地嗥叫一通，假如真这样，那就糟了，就不可避免地遭到大花狼异常凶猛的反攻倒算。

白眉儿可不是那样的傻瓜。富有丛林狩猎经验的白眉儿并没有被初咬的胜利所陶醉，它晓得狼的生存意志高于虎豹熊狮等一切在陆地行走的猛兽，挂了彩的狼敢同猎人拼个你死我活。因此，白眉儿在大花狼往前蹿跳时，没半点犹豫，没半点迟疑，囫囵将狼肉吞进肚去，身体便呈流线型弹射过去，恰好做出了一个二级前扑的动作。虽因水流的影响这动作应有的优美打了折扣，实效却没降低。当大花狼蹿出丈把远后蓦然回首，身体还没转够位置，白眉儿已扑了过来，大花狼来不及躲闪，腰眼被扑了个正着。狼是麻杆腰，最怕被击中腰部，当即就踉踉跄跄站不稳。大花狼情急之中想用侧身倒地横滚的办法躲开白眉儿二级前扑的锋芒，它忘了这是在水中，水的浮力使它无法像在坚硬的陆地上那样随心所欲地滚动，它四爪离地，氽在江水里，像截朽木似的随波漂逐。白眉儿就像捉鱼似的见到哪儿有水波涌动就朝哪儿猛扑。大花狼闷在水里，简直就没有出头机会，灌了一肚子江水。后来，大花狼好不容易扒住一块礁石，从水里挣扎着露出脸来，朝江隈的沙滩长嗥一声，喝令众狼快来救驾。

在白眉儿和大花狼鏖战时，埃蒂斯红豺群所有的豺都停止了渡河，已游到深水区的豺都掉转头游回浅水湾，翘首观望；沙滩上的狼群也都傻瞪着眼，被这场眼花缭乱的狼豺格斗迷糊住了。

大花狼一声长嗥后，沙滩上的狼群如梦初醒，顺着斜坡冲进浅水湾，排成月牙形，气势汹汹向白眉儿逼近。白眉儿虽然在同大花狼的较量中占着上风，但很明显，别说八匹狼一起过来围剿它，只要有另一匹狼介入，胜负就会立即逆转，白眉儿就会很快葬身狼腹的。

浅水湾吃紧，形势急转直下。

突然，响起一声深沉悲壮的豺嚣，豺王夏索尔像匹脱缰的野马，连奔带跳，向渐渐围拢来的狼群迎面蹿去。霎时间，所有的大公豺和没有拖累的年轻母豺齐声嚣叫着，朝狼群扑跃过来。

那些带崽的母豺吸取了以往失败的教训，把幼豺们都集中在浅水湾一座龟形礁岛上，自己头朝外尾朝内，在礁岛边形成一道护卫圈。

整个豺群解除了后顾之忧。

豺们三五匹为一组，盯住一匹狼。

豺们晓得这是背水一战，假如再度战败，真的只能和亲爱的家乡诀别了。豺各个都憋着一肚子气，两个月来的屈辱和愤懑，像火山一样总爆发了，每匹豺都变成了勇不可挡的拼命三郎。大公豺约克的耳朵被狼牙咬豁了，舔舔漫流到嘴角的血，又朝狼扑了上去。母豺蓓蓓的半截尾巴被狼咬断，仍不顾一切地与狼周旋。

表现最英勇的要算母豺兔嘴了，在狼群向白眉儿围过来时，它几乎是与豺王夏索尔并肩冲进狼群的。它瘸着一条腿，又呛了好几口江水，当然不是狼的对手，才噬咬了两个回合，就被一匹灰狼用狼爪抠中左眼窝，眼珠子被抠了出来，吊在唇吻前，晃晃荡荡，像吊着一颗黑橄榄，它哀嚣一声，一甩豺头，把眼珠子晃进自己口中，咬下来吞进肚去，又发疯般地与灰狼扭成一团。

狼开始还想故技重施，绕开大公豺向幼豺袭击，动摇军心，但豺们已有防备，三四匹豺缠住一匹狼，前堵后追，使狼没法脱身；即使有个别狼动作灵活，觑个空隙从豺的围追中溜出来，也被护卫在礁岛边的母豺拦住，无法接近幼豺。

八匹狼被豺一匹匹隔离开，失去了群体的威力。

对狼群更为不利的是，这是一场没有指挥的混战。

当大花狼长嗥后，眼瞅着狼群向自己围过来，白眉儿确实心里像塞了坨冰，凉透了。当看到豺群呼啸而上，它又信心百倍，力气陡增。人类有句俗话说，擒贼先擒王，这在具有群体意识的动物界同样通行。它知道自己对付的是狼酋，能否斗败狼群，关键就是看能否斗败狼酋。倘若被大花狼缓过劲来，混乱的狼群便会很快恢复秩序，神情颓丧的狼就会重新变得精神抖擞，形散神散心散已快成为一盘散沙的狼群就会以狼酋为核心凝聚成坚强的战斗集体。这样的话，豺群就有可能重新面临溃败的危机。

白眉儿深知自己责任重大，不敢丝毫松懈，暴风骤雨般地朝大花狼连续扑击，不给对方有任何喘息的机会。

大花狼不愧是匹身经百战出生入死久经考验的狼酋，虽然被灌了一肚子的江水，仍没气馁沉沦。它很快从昏眩中惊醒过来，并想出扭转劣势的高招。它在又一次被白眉儿撞得跌进水里后，突然趴开四肢，吐净肺部的空气，身体像片页岩一样沉到水底。浅水湾里早已泥沙翻滚，江水混浊得像墨汁，白眉儿视线模糊，看不清水底的动静，还以为大花狼又要在前方五尺来远的水面冒头呼吸了，就赶在前面跳了过去，抬起双爪进行按扑。它扑了个空，更糟糕的是，大花狼突然从它背后钻出水面。追逐与躲闪的关系一下子颠倒了。

大花狼狰狞的狼脸闪过一丝得意，抓住战机凶猛地朝白眉儿扑咬。客观地说，狼的噬咬本领胜过豺，尽管白眉儿不是普通的豺，但比起狼酋来还是略逊一筹。顶要命的是，白眉儿发现自己上了大花狼的当，内心恐慌，锐气顿减，在大花狼凌厉的攻势下，节节败退。在齐脖儿深的水里退却，很难保持身体平衡，一步一滑，顾得了脚顾不了头，那柔软的颈窝就暴露出来了。

大花狼跳起来，锋利的狼牙直逼白眉儿的颈窝。

就在这千钧一发的当儿，母豺兔嘴瞎着一只眼，跷着一条腿，连滚带爬地赶过来，咬住大花狼的一条后腿，任凭大花狼在自己背上怎么撕扯噬咬，死不松口。

白眉儿转危为安，重新站稳脚跟，又由被动变为主动，扑到大花狼背上一个劲猛咬。大花狼被兔嘴叼住一条腿，像被钉子钉住了似的无法动弹，等于捆绑住了在让白眉儿任意宰割，心里窝火透了，觑了个准，抬起另一只后爪，朝兔嘴的右眼挖去，你嫌瞎了一只眼还不够，那就让你尝尝双目失明的滋味。“噗”，兔嘴的右眼又变成一只血窟窿。大花狼以为兔嘴会张嘴呻吟，这样它就可以把自己那条腿从豺嘴里解脱出来；它很快发现自己想错了，兔嘴只是全身搐动了一下，仍咬住它的腿不放。“咔嚓”一声，那条狼腿被咬断了；兔嘴仍不甘罢休，咬住断腿拧呀拧，直到把那只被咬断的狼爪拧下来为止。

以牙还牙，以血还血，方显生命的亮色。

白眉儿又用犀利的爪牙在大花狼背上撕下一大块皮肉。

狼不犯我，我不犯狼；狼若犯我，我必犯狼！

怒江里鬼哭狼嚎，惊天动地。

大花狼浑身是伤，还跛了一条腿，招架不住了，又见自己的同伴一个个被豺纠缠住，没谁能跑过来帮自己解围，再这样下去，自己这条命很快就会赔进去的，便长长地哀嗥一声，蹿到沙滩上，沿着弯弯曲曲的江岸奔逃。

狼酋一逃，狼群没了主心骨，立刻稀里哗啦地溃散了。

豺群欢呼着，兴奋地嚣叫着，扬眉吐气地在狼群屁股后头穷追猛撵。狼群逃进江畔一片茂密的冷杉树林，暮色苍茫，天渐渐暗下来了，豺群的追撵这才暂时告一段落。

翌日晨，豺群继续沿着江岸线搜索追捕。胜利来之不易，最好能趁热打铁，再接再厉，扩大战果，把讨厌的狼群彻底赶出日曲卡山麓。来到山埡口，远远便闻到一股新鲜尸骨的酸味。豺群散成扇状，小心翼翼地走拢去。灰色的沙砾上，大花狼僵硬地卧伏着；它的腹部被撕咬开，内脏和狼肉被掏吃一空，只剩下一副白森森的骨架和一张残缺不全的皮囊；四周有一片凌乱的狼脚印，脚印穿过山埡，向怒江延伸。豺群追到江边，伫立礁岛，极目远眺，江对岸烟雾迷蒙的山峦上，有几个小黑点在蠕动；风从对岸刮来，依稀能听到凄厉的狼嗥。

很明显，昨天半夜，大花狼带领狼群逃到这里后，失血过多，再也走不动了。清晨，走投无路而又饥肠辘辘的狼群把奄奄一息的大花狼当早点分食了，觉得无法再在日曲卡山麓混下去，就泅渡怒江，继续漂泊流浪，寻找适合它们生存的新领地。

令豺群感到奇怪的是，大花狼身上和四肢被吃空了，狼头却完好无损。也许是狼头骨多肉少，嚼之无味；也许是众狼对首领一向尊重，不好意思破坏首领的尊容。狼头生气勃勃，面对着日曲卡山麓这片丰腴的土地，两只眼睛瞪得贼圆，闪烁着贪婪渴求的光。那蓝幽幽的瞳仁里，倒映着挺拔瑰丽的日曲卡雪峰。它死不瞑目，它的肉体已经死亡了，它的灵魂仍想征服和占有脚下这片土地。

埃蒂斯红豺群围着狼酋的尸骸，沉默了一会儿，突然，几十匹豺齐刷刷面对白雪覆盖的日曲卡雪峰引颈嚣叫起来，“呦欧——呦欧——”声音激昂悲壮，在怒江峡谷发出一阵阵回响。它们历经艰辛，浴血奋战，终于赢得了保卫领地保卫家园的胜利！

第六章　荣登王位

王位过渡十分平静，没有争执，没有厮杀，没有内讧，这在埃蒂斯红豺群的历史上是绝无仅有的。

埃蒂斯红豺群在日曲卡山麓少说也生活了数百代，更换过几百个豺王。每一次王位更替，豺群社会都会动荡不安，演出一场流血的悲剧。可以说新豺王都是踩着老豺王的鲜血登上豺王宝座的。雄性动物与生俱来就有一种权力欲，都是社会地位的角逐者。就像扫帚不到灰尘不会自己跑掉一样，年老昏聩的豺王不经过一场生死较量，是绝不会禅让王位，自动退出历史舞台的。吃会吃腻，玩会玩腻，当豺王绝不会当腻。对一个种群来说，一次王位更替就是一场灾难。现任豺王夏索尔就是将老豺王坨坨的尾巴齐根咬断，把坨坨的威风剪灭，这才趾高气扬地爬上王位的。而坨坨篡夺王位的过程就更残酷了，它把上任老豺王兵宛背上咬出碗口大的血洞，老兵宛倒在血泊中无力再站起来，坨坨就在老兵宛的呻吟和哀嚣声中喜气洋洋地登上了权力的顶峰。

如果豺王在意外事故中突然身亡，和平也绝对没指望，甚至比正常状态下的王位争斗更糟糕，地位相近的大公豺们谁都觊觎空缺的王位，谁也不服气谁，谁都觉得自己最行，是最理想的王位继承者，于是，互相倾轧，互相拆台，你争我斗，今天甲咬伤了乙，明天丙又把甲赶出豺群，这种社会地震起码要持续十多天，直到一匹出类拔萃的大公豺把地位相近的公豺们全部压服为止。

这种地位争斗虽然残酷，并使社会不安定，但也有有利的一面：在激烈的冲突中，平庸的草豺无法滥竽充数混进领袖阶层；竞争就是筛选，保证体格最健壮头脑最聪慧的最强者担任豺王，这当然有利于种群的生存。

然而，这一次王位更替，却轻松得像幕喜剧。

狼酋死了，其余的狼都逃过怒江去了，狼害彻底消除，笼罩在埃蒂斯红豺群上空长达两个月之久的阴云被驱散了。虽然在这场空前酷烈的浅水湾战役中老豺灰枭死于非命，母豺兔嘴变成了瞎眼豺，还有好几只豺受了伤，但从全局衡量，损失是小小的，胜利是大大的。埃蒂斯红豺群沉浸在胜利的喜悦中。

天遂豺愿，从狼酋尸骸边离开后，豺群又撞见了一头正在江边饮水的香獐，就像是老天爷特意送上门来犒劳它们的一样。扑倒香獐，吃饱喝足，阴霾的天空也放晴了，红艳艳的太阳，湛蓝的天空，令豺们感到十分惬意。两个月受的窝囊气一鼻孔出掉了，绷紧的心弦突然间松弛了，又遇到难得的好天气，豺群懒洋洋地散在江畔一块砾石滩上，烤烤太阳，打打瞌睡，养精蓄锐。

就在这时，王位的更替拉开了序幕。

砾石滩中央有一块高出地面约半米的裸岩，形状像只蛤蟆。夏索尔轻轻一跃，登上蛤蟆岩。它这样做，完全是习惯成自然。

凡具有社会意识的动物群，王者的位置不外乎是这么三种：前沿、中央、高处。在与敌害对抗时，王者站在群体的最前列，以证明自己的出类拔萃；平时王者总处在群体的中央，以表明自己是整个种群的核心；无论在哪里，王者总要挑选一个高高在上能俯瞰臣民的位置，以象征自己至高无上的统治地位。狮群、狼群、象群、猴群、兔群乃至人类团体，无不如此。要成为一个群体的领袖，一个首要而且必备的条件是，身体比起同类来要高大魁伟，永远给臣民一种崇高的感觉。为了充分显现这一点，利用地形使自己独处高处便成为王者的一种特权。在非洲稀树草原，一群狮子躺卧在起伏不平的丘陵地带，狮王的位置比其他狮子肯定要高出一截。猴群在山崖上，最显眼最突出最尖端的地方就是猴王的禁脔。

人类在这一点上比其他动物有过之而无不及。人类君王或团体领袖更多的是靠头脑而非体力登上权力宝座的，但要使自己身体高出同伴这样一种生物本能，并没因文化发达、文明程度提高而有所削弱，他们仍千方百计地制造高大的效果。古代皇帝的皇冠，像顶笨重的高帽子，沉甸甸压在脑袋上，戴着不会舒服，夏天更是会焐出一头痱子，皇帝却情愿自讨苦吃抢着往头上戴，原因何在？就是因为戴着高耸的王冠会给人一种高大的错觉。各朝各代帝王的金銮椅都要比大臣们的座位高出许多，大臣们在上朝时不但站在低处，还要弯腰曲背垂头缩肩，更有甚者，还须跪伏在地，使自己的生理位置低了再低，低到极限，以烘托皇帝的高大伟岸。现代社会讲民主了，领袖人物当然不便沿袭古代帝王的做法，就变通一下，用登城楼或坐主席台来显示自己的高大。

从这个角度来透视，夏索尔跃上蛤蟆岩实在是极平常的举动，它是豺王，四周就这么一个制高点，它不上去谁上去？

蛤蟆岩上光溜溜平坦坦，被太阳晒得亮堂堂暖融融，躺在上面不仅可以登高望远显示豺王的威仪，还可以用腹部在岩石上蹭痒痒，何等的舒服。

突然，夏索尔发现砾石滩左侧两只正在闭着眼睛打瞌睡的母豺在它纵身跃上蛤蟆岩时四只豺眼冷不丁瞪圆了，脊背上的毛也恣张开，陡地站立起来。这两只母豺的形体动作说明附近发生了引起它们警觉的事。夏索尔在蛤蟆岩上朝四周张望，江面风平浪静，右侧那片灌木林也没什么异常，大概这两只母豺是神经过敏了吧，它漫不经心地想着，又躺了下来。刚躺下，又像着了火似的跳起来——散落在砾石滩上的豺群忽然间像患了急性传染病，个个都由慵懒状变成惊厥状，豺眼圆瞪，体毛竖立，肌肉绷紧，如临大敌。更让它吃惊的是，豺群冷飕飕的目光在它夏索尔身上汇成了一个焦点，仿佛它夏索尔头上突然长出两只羊角来了。

这是怎么回事，吃错药了还是怎么着？

豺群一片沉默，火山爆发前的沉默。

夏索尔虽然还不明白豺群究竟发生了什么事，心里却莫名其妙地产生了一种恐慌。

那只名叫蓓蓓的母豺向砾石滩正面那小块草坪走去，蓓蓓侧着身体走，眼光始终盯着它夏索尔，像蟹一样在横行，速度虽然缓慢，步子却跨得十分坚决，神情庄重肃穆，像要去参加什么重大的庆典活动。

这很奇怪，怪不得它夏索尔心惊肉跳。

仿佛事先约好了似的，公豺、母豺、老豺、幼豺几乎所有的豺都学蓓蓓的样，举步朝那小块草坪走去。

那小块草坪极平常，几丛雀麦和羊茅草已枯萎，失却了生命的鲜活。草坪上，卧着苦豺白眉儿和瞎眼豺兔嘴。

它们是在向白眉儿靠拢。

夏索尔脑袋一阵昏眩，像失足从悬崖跌落深渊似的产生一种失重感。

众豺以草坪为中心点，散成半圆形，众星捧月般地围住白眉儿。好几只母豺都谄媚地跑过去舔白眉儿的面颊。

夏索尔不是傻瓜，当然明白将要发生什么事了。假如只有个别豺这么做，它会毫不犹豫地扑上去用尖爪利牙教训忤逆者，把政变阴谋消灭在萌芽状态。问题是现在有那么多的豺都跑到白眉儿身边去了，自己形单影只，扑下去恐怕非但于事无补，反而会扇起更旺的叛乱火焰。

现在最要紧的是寻找同盟者，有了忠实的帮手，或许还能扭转局面，夏索尔想。它立即将眼光扫向右前方，右前方一条隆起的沙砾带上躺着察迪。察迪生性凶蛮，体格强壮，长得几乎和它夏索尔一般高大，属于出类拔萃的大公豺，在豺群中的地位仅次于它夏索尔。这一点从察迪此刻躺卧的位置就可以看得出来，那条隆起的沙砾带比它夏索尔躺卧的蛤蟆岩稍低些，又比其他豺躺卧的地方要高一些。察迪虽然四肢发达，头脑却有点简单，对豺王来说，这是最佳搭档。因此，长期以来，察迪就是它夏索尔最亲密的同性伙伴。

夏索尔四年前能成功地咬败老豺王坨坨，靠的就是察迪的鼎力相助。老豺王坨坨有只相依为命了七八年的母豺，名叫苏苏，苏苏替老豺王坨坨生了四窝儿女，感情好得只有死神才能把它们拆散。当它夏索尔向坨坨发起王位挑战时，苏苏咆哮着奔过来要帮坨坨的忙。假如让坨坨和苏苏联起手来，它夏索尔就是再长出一张豺嘴来，也很难在那场王位争夺战中取胜。就在这危急关头，察迪朝苏苏冲刺过去，使它夏索尔能集中力量对付风烛残年的坨坨，赢得了胜利。

在近四年的豺王生涯中，察迪也帮了它不少忙。记得那次大公豺博里和孪生兄弟贾里为争夺一只年轻的母豺蓝尾尖互相斗起殴来。豺王有责任平息群内纠纷，便出面干预，横在这两只兄弟阋墙的大公豺中间，用豺王的威势中止了一场自相残杀。但矛盾依然存在，那只名叫蓝尾尖的母豺没有分身术，不可能一分为二给博里和贾里二一添作五。当时，它夏索尔的妻子梅灵刚好前几天在捕捉一只猪獾时不小心被猪獾搂抱着一起坠落深渊，二茬子光棍难当，它瞄了一眼使亲兄弟反目成仇的蓝尾尖，两只细长的豺眼忽闪忽闪显得活泼而又妩媚，细腰宽臀，腹部紧凑，一看就是处在黄金生育年龄的母豺，于是，它就干脆把蓝尾尖接收过来自己受用了。它觉得自己在处理这场群内纠纷时不偏不倚，公允正派，让博里和贾里谁也得不到，也就不用将生命做赌注争斗不休了。谁晓得博里和贾里并不体谅它的苦心，对它的裁决很不满意，兄弟俩竟联起手来，朝它前后夹攻。埃蒂斯红豺群曾发生过因争偶而导致犯上作乱的事，历史的教训值得注意。它虽然勇猛，单个和博里或贾里较量绰绰有余，但同时对付两只大公豺却有点力不从心了。博里和贾里像输光了的赌徒，豺眼布满血丝，大有一种不把它夏索尔撕成碎片决不甘休的气势。多亏察迪帮忙，察迪嚣叫一声从豺群蹿出来，一口咬掉了贾里半只耳朵，把兄弟俩的嚣张气焰打了下去，保住了它夏索尔的豺王地位。

可以说，察迪是支撑它豺王宝座的一根中流砥柱。

它当然也对察迪恩宠有加。它尽豺王的所能，让察迪享受许多特权，例如允许察迪和自己一起分享糯滑可口的猎物内脏，允许察迪在宿营地任意挑选仅次于它的舒适的巢穴。无论察迪是因争偶还是因争食同其他豺发生冲突，它都把公平原则丢在脑后不问青红皂白地站在察迪一边。

无条件地沆瀣一气，无条件地狼狈为奸，那才叫哥们儿。

现在它夏索尔的地位受到挑战，它理所当然扭头向察迪求援。

只要察迪同它并肩搏杀，它相信眼前的局面是能扭转过来的。别看大部分豺此时都不约而同地聚拢到白眉儿身边，那没什么了不起，虚假的繁荣而已。多数又怎么样？真理往往掌握在少数派手里。群众选举算个屁，全民公决算个屁，别玩人类虚伪的一套。对豺来说，爪子和牙齿里出政权。它觉得大多数豺之所以跑到白眉儿身边去，无非是看到这一身黄毛的家伙敢于第一个扑向大花狼，显示了出众的力量与胆魄。但印象和感觉都是有导向也是能导向的，只要它和察迪以迅雷不及掩耳之势扑过去，一个咬头一个叼尾，把白眉儿咬得呦呦哀嚣，咬得卧伏求饶，咬得抱头鼠窜，咬得在地上打滚，英雄变成小丑，崇高变成滑稽，幸运儿变成臭狗屎，形象一落千丈，众豺对白眉儿的印象和感觉就会立刻改观，再不会觉得这黄毛家伙是理想的新豺王了。

察迪卧在那条隆起的沙砾带上，豺脸埋进毛茸茸的前臂弯，胸肋有节奏地起伏着。这家伙，怎么就那么贪睡，在这节骨眼上进入梦乡了呢？

“呦——欧——”

夏索尔朝察迪急切地呼叫了一声。

醒醒吧，老伙计，白眉儿就要把我的王位抢走啦，火烧眉毛，刻不容缓，醒醒吧！

它看见，察迪菩提叶状的耳廓像干沙上的小鱼跳个不停，身体却仍是那副熟睡状。

唉，察迪呀察迪，紧要关头你怎么睡得那么死那么沉呢？

“呦欧——呦欧——呦欧——”

夏索尔急眼了，两只后爪钩住蛤蟆岩的缝隙，抻长脖子将尖尖的豺嘴凑近察迪的耳畔，厉声尖嚣。哪怕是聋子，哪怕灵魂正在曲径通幽的梦乡作逍遥游，也会被惊醒的。

可察迪非但不醒，反而把身体蜷得更紧，像只煮熟的虾。

夏索尔总算明白了，察迪并非酣睡得太沉叫不醒，而是不愿醒，不想醒，不肯醒。这浑蛋，根本就没有睡，而是用装睡来逃避现实。

夏索尔心里透亮，察迪并不是因为害怕才装睡的，这只肌腱凹凸分明的大公豺在埃蒂斯红豺群中素来以横蛮勇猛著称，绝不是软蛋脓包；察迪之所以装睡，是对它夏索尔产生了一种信仰上的动摇，是对白眉儿产生了一种发自内心的崇拜。察迪此刻的心态与大多数豺的心态是一致的，将白眉儿看做是力挽狂涛把埃蒂斯红豺群从崩溃边缘拯救出来的大救星。让救星当豺王名正言顺。

他妈的，讲原则讲良心尊重事实，这还算什么哥们儿！

“呦欧——”

醒醒吧，察迪，别再装睡了，我俩的命运是连在一起的，好比一根线上拴着的两只蚂蚱，一荣俱荣，一损俱损，我倒霉了，你也好不了，我被废黜了王位，你的地位也会大幅度下降，再也当不成一豺之下众豺之上的名声显赫的豺了。

“呦欧——”

醒醒吧，察迪，别再犯傻了，我晓得你把白眉儿当做豺群的大救星，不好意思向大救星亮出你的尖牙利爪，生死存亡关头，不能太书生气了，其他事情都能讲道理，唯独政权问题没什么道理可讲，历朝历代，从来就是胜者为王败者为贼，只要保住了王位，没道理也变得有道理，历史的功绩可以移花接木，戴到我们的头上来，耻辱与罪过可以张冠李戴，戴到对方的头上去。

没什么不好意思的，人都这么干，更何况豺呢。

察迪仍没有要醒的意思。

还有大公豺约克和母豺蓓蓓，它平时对它们都不错的，猎到新鲜的食物，再少也会匀一份给它们吃，比对别的豺要客气多了。它觉得小恩小惠是一种感情储蓄，零存整取，需要时可以连本带利一笔取出。可约克和蓓蓓也跟着众豺瞎起哄，跑到白眉儿身边去了。

唉，豺心不古，感情的银行说倒闭就倒闭了。

好吧，退一万步说，就算要尊重事实吧，击败狼群这个事实也不是不可以深入分析和重新评估的，夏索尔想。是的，当埃蒂斯红豺群被迫渡江的关键时刻，白眉儿首当其冲扑向狼酋，拉开了背水一战的序幕，功劳自然不可抹杀，但假如在狼群冲下浅水湾时，不是它夏索尔不顾身家性命率先蹿上去拦截，白眉儿就是有三头六臂，也早就被狼群撕成碎片了，从这个意义上说，它夏索尔的功劳同样是不可抹杀的。功劳大家有，平摊三六九；团结最重要，别搞窝里斗。

呦欧呦欧呦欧呦欧呦欧呦欧，夏索尔朝情绪激动的豺们发出一项特别提案。

白眉儿过去只是埃蒂斯红豺群地位最末等的苦豺，看在它咬败大花狼的分上，论功行赏，由苦豺擢升为优秀大公豺，也就足够了嘛。谁听说过或者看到过在一个群体里，最卑贱者突然就变成了最高贵者？真比人类坐电梯还升得快，比坐直升飞机还升得快，火箭式的提拔和升格是不会有好下场的。

围在白眉儿身边的众豺非但不理它的茬，还抻直脖子朝蛤蟆岩呦呦欧欧地叫，那是在怂恿白眉儿蹿上蛤蟆岩来，把它驱赶下去，完成篡夺王位的最后一道程序。

白眉儿站了起来，尾巴竖得像旗杆一样笔直，朝蛤蟆岩走来。

夏索尔快急疯了。就算它今天非下台不可，它也不能把王位让给白眉儿的。白眉儿虽出生在埃蒂斯红豺群，但毛色和长相与其他豺有所不同，父系血缘究竟是谁还是个悬案，又有两年时间离开豺群，这两年里它是在做一匹混迹山林的流浪豺，还是在扮演豺的天敌——猎狗的角色，也是个谜。豺王主宰着整个豺群的命运，关系到整个豺群的生死存亡，岂能让一只出身不好血统不纯历史还有疑点的豺来担当？假如白眉儿果真像夏索尔曾怀疑过的那样，有一半是狗种，并在离开豺群的两年间与人和狗有着某种瓜葛，一旦掌握了领导权，岂不是要把豺群引向毁灭？

为了埃蒂斯红豺群千秋万代永不变色，它也不能轻易让出王位。

它龇牙咧嘴摆出一副要殊死搏斗的架势。

白眉儿并没被吓倒，轻轻一跃，跳上蛤蟆岩，与它四目相对。这是一种无声的威逼。

夏索尔心里发虚，冷汗都从舌尖冒出来了。白眉儿站在它面前，比它整整高出半个肩胛，身大力不亏。白眉儿身后有众豺助威帮衬，声势夺人，它孤身一豺，无依无靠。它亲眼目睹过白眉儿是怎么同大花狼搏杀的，凶恶的狼酋尚且不是白眉儿的对手，它和白眉儿单练，更是必败无疑。

天哪，怎么办呢？

再说白眉儿，此刻有一种意外的惊喜。它并不是为了炫耀自己的力量提高自己的地位才铤而走险同大花狼厮杀的，平心而论，当时它连一丁点儿这方面的想法也没有，它完全是为了救兔嘴才不顾一切向大花狼反扑的。但既然众豺都催促它去向夏索尔发起王位争夺战，都拥戴它当新豺王，它又何乐而不为呢。它早就对自己所处的苦豺地位深感不满了。也难怪它对自己的境遇不满意，苦豺的日子确实不好受，吃苦在前，享受在后。遇到危险，要用生命去试探虚实；遇到会餐，只能捡食别的豺吃剩的骨渣皮囊。它在猎户寨曾做过狗群领袖，一呼百应，叱咤风云，现在沦为豺群苦豺，就像从云端跌落深渊，真正是苦不堪言。它高大健壮，站在豺群里犹如鹤立鸡群，它觉得假如自己的体魄与智商只配做一匹苦豺的话，那么埃蒂斯红豺群起码有一大半豺只配做苦苦豺。苦苦豺当然比苦豺还多了一个苦字。

它是埃蒂斯红豺群中出类拔萃的大公豺，豺王夏索尔再让它做苦豺，显然是一种愚蠢的偏见。

任何一个物种的种内斗争都起源于不平等。造成不平等的原因就是个体的优秀品质和所得到的社会地位之间的不平衡。体魄与智商这两大要素构成了动物个体的生存能力。假如这种生存能力和所取得的社会地位形成反差，种内就会产生竞争和动荡。反差越强烈，斗争也就越激烈。有趣的是，在所有具有群体意识的动物内，生存能力和社会地位之间平衡是相对的，不平衡是绝对的。于是种内你死我活的斗争便永不停止，可以说是年年斗，月月斗，天天斗，时时斗，分分斗，秒秒斗。

白眉儿受着这条斗争规律的支配。

白眉儿晓得，豺王夏索尔出于一种妒忌的本性和自私的考虑，才把它贬为苦豺的。苦豺的另一个含义是废豺，显然，这个角色让白眉儿来扮演是极不相称的。这种强烈的反差必然会导致强烈的不满并引发强烈的反抗意识。它早就想谋求和自己青春的活力强壮的身躯相称的社会地位，它早就想把夏索尔从王宝座拉下来。它觉得自己无论哪方面都不比夏索尔差，夏索尔当得豺王，它为何当不得呢？只是顾忌到自己刚刚归群，怕冒冒失失发起一场争夺王位的厮斗，会触犯众怒，会弄巧成拙，被重新驱逐出豺群，才没敢将这种想法付诸行动。现在，机会送上门来了，傻瓜才会讲客气呢。这豺王宝座，不要白不要。

它知道，夏索尔失去了众豺的支持，连察迪也蜷缩着身子在装睡，在这场王位争夺战中，自己是赢定了。它没必要急急忙忙扑上去噬咬，它想让夏索尔先动手，然后用两级前扑加空中噬喉进行还击，干脆利索地夺取王位。后发制豺嘛，还可体现自己沉着冷静的王者风度。

开始，夏索尔还竖着尾巴，亮出满口尖利的豺牙，色厉内荏地叫几声，后来它发现，豺们都不怀好意地在砾石滩上蹿来跳去，朝它呦呦怪嚣，人有自知之明，豺也有自知之明，豺心所向，大势所去，它夏索尔再装硬汉子，徒受皮肉之苦而已。

突然间，夏索尔高竖的尾巴耷拉到地，豺嘴也识相地闭紧，脑袋垂到颈窝，豺眼里那股凶光黯然熄灭，身体萎软得像只被踩瘪的猪尿脬，缓慢地扭过身来，极不情愿却又无可奈何地从蛤蟆岩上溜了下来。

这无疑是从权力顶峰滚下去的象征。

豺们呦欧呦欧欢呼起来，先是大公豺，后是携幼带崽的母豺，轮流跳上蛤蟆岩，舔吻白眉儿的胸脯，这是豺群特有的顶礼膜拜的仪式，表明新豺王得到了群体的认可和拥护。

夏索尔站在砾石滩上，仰望着白眉儿，内心的愤懑是难以用语言来表述的。它恨在关键时刻背叛它的察迪，恨那些立场转变得比风车还快的公豺和母豺。假如当初它坚持把刚刚归群的白眉儿当做异类消灭掉，就不会有今天被撵下王位的屈辱和痛苦；假如它早晓得豺群有背水一战与狼群决一雌雄的决心，它一定会比白眉儿早一步向大花狼扑去，白眉儿就无法崭露头角脱颖而出了。现在，后悔也晚了。唉，留在日曲卡山麓当个被弹劾下台的前豺王，还不如渡过怒江去在漂泊流浪的豺群里继续做豺王呢。

尽管夏索尔内心燃烧着仇恨的毒焰，但它毕竟是智慧出众的豺，它晓得此时此刻自己只要流露出任何一点桀骜不驯的神态来都可能招来一场灭顶之灾。好汉不吃眼前亏，表面的屈服并不意味着内心的诚服。它柔和地摆动着豺尾，轻轻跃上蛤蟆岩，四条豺腿一弯曲，跪伏在地，豺嘴探进白眉儿的腹下，呦欧呦欧叫得无比热烈，并伸出舌头长时间地舔白眉儿的一只前爪，也不嫌脏。它的顶礼膜拜的仪式比任何一只豺看上去都要虔诚得多，都要隆重得多，都要郑重其事得多。

这应了人类一句俗话，大丈夫能伸能屈。

在夏索尔履行顶礼膜拜仪式时，白眉儿的牙齿正对着夏索尔的颈椎，咬起来方便极了。此时此刻，白眉儿理应狠狠心肠朝夏索尔扑下去，使其流血，使其残废，或者使其魂飞魄散落荒而逃。

这样做，它不用担心会受到众豺的谴责。

在埃蒂斯红豺群王位争斗中，获胜的新豺王要么把老豺王咬伤致残，使其地位一落千丈，成为群体中最卑贱的苦豺，要么把下台的豺王逐出群体，使其成为无家可归的流浪豺。

在一切具有群体意识的哺乳类动物中，雄性之间的地位之争都是性命攸关的生死之争。

西非老狒狒一旦逊位，便不吃不喝，数日后就会抑郁而亡；亚洲象王被篡位的公象斗败，便会独自离开象群，跑到僻静的象冢去等死；新狼王对老狼王从不讲宽恕和仁慈，非咬得对方哀嗥着逃离狼群不可；狮子算是最文明的了，走下王位的雄狮被允许留在原来的群体里，但永远失去了交配权，只能吃别的狮子吃剩的骨渣皮囊；金丝猴王被政变推翻后，便沦为新猴王的奴仆，每天要为新猴王梳理毛发，替新猴王捉虱子……

这样做虽然残酷，却是必要的。当过豺王的豺，除非彻底绝望，是不会甘心居于它豺之下的；它们做梦也想着变天，豺还在，心不死，千方百计寻找机会东山再起卷土重来，再登王位。因此，只有用两种方法来打发它们，一种是肉体上消灭，一种是发扬痛打落水狗的精神，把它们批倒批臭，斗倒斗垮，打翻在地，再踏上一只脚，叫它们遗臭万年，永世不得翻身。

不流血，休想建立高低尊卑的新秩序。

短暂的流血换来了永久的和平。

遗憾的是，白眉儿没这样做。它想，夏索尔已经向自己举起了白旗，俯首称臣，自己再扑上去咬似乎也太不地道了。它想，在两个月的狼害中，豺群已损失了好几只豺，还有几只豺被咬伤致残，种群的数量和质量都在下降，不应当再发生自相残杀导致减员的事了。它想，在狼群从沙滩冲下浅水湾向它围过来时，夏索尔率先扑向狼群奋勇拼搏，怎么说还是有功的，将功赎罪，也应当给一条出路。它想，自己当上了新豺王，不但应该团结和自己意见相同的豺，也应当团结和自己意见不同的豺，方显示新豺王与众不同的气度和风范。它想，自己比起夏索尔来占压倒性的优势，即使夏索尔妄想复辟，一条小泥鳅能掀起多大的浪来？

它宽容地用下巴颏在夏索尔的颈椎轻轻摩挲了一下，

以示接受对方的顶礼膜拜。

无毒不丈夫，白眉儿看来算不得是大丈夫。

夏索尔下到察迪躺卧的位置，察迪这时已经醒了，知趣地腾出空位，让给夏索尔，自己往下降一层，到砾石滩和优秀大公豺站立在一起。

察迪原先躺卧的位置居于众豺之上又居于豺王之下，地位很微妙。

夏索尔替代了过去察迪的地位。

第七章 兔嘴殉身

按正常的速度，埃蒂斯红豺群天黑前能赶到野猪岭，找个避风的山旮，好好睡一觉，养精蓄力，恢复因长途跋涉而带来的疲劳，第二天早晨就可循着雪地上野猪留下的蹄印，找到隐蔽的野猪窝，聚餐可口的野猪肉了。

野猪岭距离埃蒂斯山谷约有四五百里，在日曲卡山麓的最西端，要翻七道山梁，道路崎岖难行，豺群要两头摸黑连续走三天才走得到。方向正好是背着怒江。不知是地势太高的缘故，还是土地爷故意恶作剧，这一路上都没有水源，干得只有野骆驼能够生存。豺的活动半径一般在百里左右，不到万不得已是不会跑到太远的地方去觅食的。因此，虽然野猪岭有美味可口的野猪，埃蒂斯红豺群却几年也不到野猪岭去一趟。

这一次，实在是遇到了罕见的饥荒，豺群才不顾路途遥远去打野猪的主意的。

多年不遇的饥荒是由两个原因造成的。一是秋末冬初时狼群在日曲卡山麓猖獗了两个多月，抢夺了一部分猎物，也吓走了一部分猎物，使豺群的食谱差不多被删减了一半；二是冬季本来就是一个食物匮乏的季节，正常年景，到了隆冬腊月，豺群也会吃了上顿没有下顿，今年偏偏又连降大雪，就更难弄到可吃的东西了。在饥饿的催逼下，豺群铤而走险去袭击一个小山村的羊圈，虽然也捕获了四只羊，却有三匹豺做了猎枪下的冤鬼。袭击人类的村庄，无疑是饮鸩止渴，自取灭亡。在万般无奈的情况下，新任豺王白眉儿决定远征野猪岭，以彻底摆脱饥饿造成的生存危机。白眉儿打算带着豺群在野猪岭度过冬天，到明年惊蛰雷声响过后，再回日曲卡山麓。那时候，一路上积雪还没完全融化，残雪可当水源解渴。

计划应当说还是比较周密完美的。

那天清晨，豺群把用三匹豺的性命作代价换来的最后一只羊分食掉后，开始了新的长征。

一切都还算进行得比较顺利，只是双目失明的兔嘴衔住白眉儿的尾巴走，速度比较慢；第三天在过银鞍山时，坡太陡，又是乱石铺地，兔嘴更是一会儿滑倒，一会儿摔跤，慢得像蜗牛在爬；白眉儿是豺王，它走得慢，其他豺不敢超前，整个豺群都因兔嘴受到影响。天黑时，未能按预定计划到达野猪岭，只赶到离野猪岭还有五十里的骆驼峰。天黑透了，扭头望不见自己的尾巴，从骆驼峰到野猪岭中间要穿过一道雪山垭口，路崎岖难行。白眉儿决定就在骆驼峰住一夜，天明后继续赶路。

耽误半天时间，并不影响大局。

打尖的两匹公豺很快在半山腰上找到一个石洞。这是一个石钟乳溶洞，形如弯嘴葫芦，口小腹大，里头很宽敞，整个埃蒂斯红豺群钻进去，都不显得挤。

豺以家为单位，散落在石洞各个角落，很快安静下来。大家都知道这是最后一个饥饿的夜晚，到了明天，一切就会好起来的。

老天爷和埃蒂斯红豺群开了个恶毒的玩笑。

白眉儿睡到后半夜，突然被一阵阵尖啸声惊醒，侧耳一听，像是北风在怒号。它跑到洞口一看，外面风雪凄迷，山野一片惨白，一股比刀子还尖厉的风，从洞外猛烈灌进来，刮得它站都站不稳，倒退了好几步。

幸好洞口是弯形的，风只能在洞口附近肆虐，洞内还算暖和。

老天保佑，这是场过路的暴风雪，天亮后就雪霁天晴，红日高照，使埃蒂斯红豺群能按计划顺利到达野猪岭，白眉儿在心里默默祈祷着。

一天过去了，暴风雪不但没有停，反而越刮越猛烈了。

埃蒂斯红豺群被困在骆驼峰半山腰的石钟乳溶洞里，动弹不得。这么大的暴风雪，如果钻出洞去继续赶路，走不了多远，幼豺和体弱的母豺就会被暴风雪吞噬掉性命，年轻力壮的公豺或许能坚持走到雪山垭口，但也绝对穿不过长约二里多的垭口的；一刮暴风雪，两座雪山之间的垭口就是名副其实的鬼门关，别说豺了，就是终年在雪线上生活的雪豹，也不敢在暴风雪中穿越雪山垭口；强行通过，再健壮的豺也会被冻成冰棍儿。

饥饿笼罩着埃蒂斯红豺群。

豺群在离开日曲卡山麓时吃过一只羊，一路上运气好的豺逮着一两只老鼠充饥，运气不好的豺仅吃了一些被冻死的鸟，还有些豺什么都没吃到。整个豺群已连续饿了四天，匹匹豺都已饿得眼睛发绿，有几只幼豺已饿得声音都叫不出来了。

这只石钟乳溶洞里连只蝙蝠和老鼠也找不到，只有洞底的岩壁上长着一层墨绿色的青苔。有两匹公豺大概实在饿得受不了了，就去啃青苔吃，刚刚咽进去，又哇的一声吐了出来；豺不是牛羊，永远也不可能用青苔地衣之类的植物来充饥的。

白眉儿蹲在石洞弯口，心急如焚。假如它早晓得昨天下半夜会下起暴风雪，而且一下就不会停，它决不会让豺群在骆驼峰住下来的，它一定会咬紧牙关摸黑穿过雪山垭口走完这最后五十里。只要到了野猪岭，再大的暴风雪也无所谓了。遗憾的是，豺没有气象预报的能力。现在，想后悔也来不及了。

突然，它听见石洞底端传来一片嘈杂的声音，它转身望去，原来是一匹名叫鹿踢儿的幼豺饿昏过去了。母豺珊瑚低嚣着，叼住鹿踢儿的后脖颈，试图让瘫倒在地的宝贝重新站起来，但鹿踢儿像个木偶，刚站立起来，珊瑚的嘴一松，又啪的一声栽倒下去。显然，鹿踢儿永远也站不起来了。

鹿踢儿这么快就饿倒了，白眉儿一点也不感到惊奇，鹿踢儿本来就是所有幼豺中身体最单薄的一个。珊瑚怀着鹿踢儿时，还没足月，在猎杀一头梅花鹿的混斗中，不慎被鹿蹄蹬着一下腹部，就早产了，因此取了个鹿踢儿的怪名字。早产儿先天不足，体质羸弱，是很容易夭折的。

大公豺约克是鹿踢儿的父亲，它跪在地上，深情地舔吻着鹿踢儿已失去知觉的眼睛。

许多豺都围了上去，垂头耷尾，对珊瑚和约克表示一种安抚和慰问。

就在这时，只见察迪、博里、贾里和前任豺王夏索尔等一帮大公豺突然蜂拥而上，从母豺珊瑚的鼻吻底下把刚刚死去的鹿踢儿叼抢出来，你争我夺，开始撕扯。

白眉儿惊骇得差点晕倒。

豺虽然和狼同属犬科动物，但品性有所差异：狼有吞食同类的恶习，豺一般来说不吃豺；在这一点上，豺和狗相似。不食同类，是豺生活中的一条重要禁忌，为的是避免大规模的自相残杀。打破这条禁忌，是很危险的。你有尖利的豺爪豺牙，我也有尖利的豺爪豺牙，你吃我的儿子，我也吃你的儿子，用不了多久，所有的豺都会被吃干净的。虽说鹿踢儿已经死了，但毕竟是大公豺约克和母豺珊瑚的亲生豺儿，尸骨未寒，感情尚在，假如约克和珊瑚疯狂地扑向正在啃食它们宝贝的大公豺，就会爆发一场活生生血淋淋的自相残杀。而约克和珊瑚十有八九是会这么做的，白眉儿想，豺父子和母子间的感情浓度胜过狼与狗。必须立即制止大公豺们这种残暴的行为，制止一场迫在眉睫的窝里斗。

“呦欧——呦欧——”它朝大公豺们威严凶猛地嚣叫起来；你们这帮丧尽天良的无赖，快给我停止啃食同类这种罪恶的行径！

但大公豺们谁也没理会它的嚣叫，仍埋头瓜分着鹿踢儿。

假如只有一匹大公豺在噬咬鹿踢儿，它可以扑上去，狠狠教训胆敢打破禁忌啃食同类的浑蛋，但现在几乎所有的大公豺都参与了这件事，它虽然身为豺王，也无能为力了。

法不制众，它本领再大，也不能与所有的大公豺为敌的。

面对一群饿鬼，豺王的威势不起作用了。

白眉儿晓得，此时此刻，假如它能像变魔术似的变出一头马鹿或一只野兔来，根本不用声嘶力竭地嚣叫，大公豺们立刻就会放弃啃食鹿踢儿的。可是，它什么食物也拿不出来。唉，民以食为天，天要塌了。

它想，很快就会爆发一场自相残杀的。

可是，出乎它的意料，大公豺约克和母豺珊瑚并没狂怒地朝正在分食它们宝贝豺儿的大公豺们扑过去，而是互相对视了一会儿，同时背过身去，面朝着岩壁，呜咽哀嚣，似乎它们虽然悲痛欲绝，却能理解并容忍大公豺们的行为。

鹿踢儿反正已经死了，被扔掉或被吃掉对早已失去了感觉的鹿踢儿来说是没有什么差别的。假如被扔掉，对饥馑的豺来说，是一种白白的浪费；吃掉，废物利用，倒能使一些已被饿得奄奄一息的豺恢复生机。

从这个角度看，大公豺们分食鹿踢儿似乎也不算是不道德的事。

任何禁忌都不是绝对的，只有活下去才是最重要的。

白眉儿油然对约克和珊瑚产生了一种敬意，它觉得它们背过身去面壁而泣，这行为含有一种为了群体的生存而献身的慷慨和悲壮。

一会儿，鹿踢儿就变成了七零八碎的肉块。每个豺家庭都分到了一小块带骨肉，成年豺啃骨头，幼豺吃肉。

石洞中央还剩着两小坨肉，白眉儿知道，一小坨是留给它和瞎眼母豺兔嘴的，另一小坨是留给约克和珊瑚的。它本不想吃的，但经不起饥饿的诱惑，还是把那坨肉叼了来，和兔嘴分吃了。另一坨肉在地上晾了大半天，直到天黑，也没谁去动它。

半夜，白眉儿正睡得迷迷糊糊，看见一条黑影悄悄移向洞中央那坨肉，凭感觉，是大公豺约克。过了一会儿，洞底传来两匹豺撕扯和嚼咬肉块的声音。

不知道这是道德的沦丧，还是理智的觉醒。

生存永远是第一位的。

假如这暴风雪再没完没了地刮下去，这只弯嘴葫芦形的石洞真有可能变成埃蒂斯红豺群的集体坟墓。

第三天，暴风雪又下了整整一天。

第四天中午，暴风雪才开始转弱，呼啸的北风渐渐停了下来，鹅毛大雪也变成粉尘似的小雪。

白眉儿走到兔嘴跟前，转过身，将尾巴抻直，把尾尖轻轻塞进兔嘴的口里；兔嘴的眼睛看不见，要靠衔住它的尾巴才能行动。然后，它朝洞外长嚣一声，示意豺群跟着它冲出洞去，向五十里外的野猪岭挺进。

白眉儿心里很清楚，这是一次孤注一掷的冒险。

要是在正常情况下，区区五十里路，对豺来说，简直是小菜一碟。可眼下暴风雪刮了整整三天半，一路冰天雪地，行走起来十分艰难；最大的难题还不是恶劣的天气和山路上覆盖的冰雪，而是饥饿。前天虽然分食了鹿踢儿，但鹿踢儿太瘦小了，豺多肉少，只能算是打打牙祭，好歹使豺们能坚持活着没被饿死罢了。豺群又饿了整整两天，大部分豺都虚弱得四肢发软，走起路来摇摇晃晃。在温暖如春的石洞里尚且如此，到冰天雪地行走，结局可想而知。这种身体状况，别说走到野猪岭了，恐怕走不到雪山垭口，就会有一半倒下，另一半在穿越雪山垭口时也会抗不住严寒被冻成冰棍儿。最多有三五匹体力特棒的大公豺和耐力特好的年轻母豺能勉强抵达野猪岭。不错，它可以睁一只眼闭一只眼，让鹿踢儿的惨剧在这一路上重演几次，谁倒下去了，就吃掉谁。但是，并非每一匹公豺和母豺都像约克和珊瑚那样能用理智克制住失子的悲痛，顾全大局，忍痛割爱，变废为宝。已经有好几匹母豺咬破自己的腿弯用自己的血浆喂幼豺，以维系幼豺的性命；这些母性特别强的母豺，能心甘情愿看着自己的宝贝变成别的豺的食物吗？

尽管路途有种种凶险，但白眉儿仍决定立即动身挺进野猪岭，待在石钟乳溶洞里，只能是白白等死；天上不会掉肉块下来，在石洞里拖的时间越长，豺们的身体就越来越虚弱，穿越雪山垭口的可能性也就越小，生的希望也就越渺茫。

冒险也得趁早。

白眉儿领着兔嘴还没走到洞口，突然，七八匹大公豺吱溜蹿到它们前面，一字儿排开，堵住了它们的去路；紧接着，所有的母豺和幼豺也都拥到洞口，四肢弯曲，跪卧在地，长长的舌头伸出口腔，呦呦呜呜低声嚣叫起来。

母豺和幼豺们的形体动作以及凄婉的低嚣声，是豺一种特殊的语言，一般是地位较低贱的豺用来向地位比自己高的豺乞求垂怜，乞讨食物，或者说是哀求对方给自己一条生路。

集体向它乞食，这不是在开玩笑吧。它要是有办法弄到食物，何须它们来求，早就分给它们吃了。它身为豺王，当然有责任使豺群免遭饥饿，但老天爷存心跟它过不去，它能有什么办法呢？它本事再大，也斗不过天呀。豺王不是万能的。它抬起两条前肢，露出瘪瘪的肚子，也伸出长舌头呦呜了两声：

——我跟你们一样，也饿着肚子呢。我假如有食物的话，会让自己饿得肚皮贴到脊梁骨吗？

豺们仍执拗地跪卧在它面前，一个劲地呦呦呜呜低嚣，叫得白眉儿心惊胆战，不知道会发生什么事。

这时，前任豺王夏索尔和大公豺察迪蹿了上来，四只绿莹莹的豺眼望着白眉儿身后的兔嘴，舌头残忍地磨动着牙齿，发出两声短促的嚣叫。

白眉儿很熟悉夏索尔的这套动作，夏索尔在当豺王时，它是苦豺，每次夏索尔要威逼它执行苦豺的危险差使，使用的就是这套身体动作。

苦豺？谁是苦豺？现在就是有苦豺又顶什么用呢？

所有的豺的眼光都穿过白眉儿的头顶，落到兔嘴的身上。

白眉儿打了个寒噤，突然醒悟过来是怎么回事了。它们是要兔嘴做苦豺。这苦豺不同于以往的苦豺，以往的苦豺是试探虚实，用生命去冒险，现在没虚实可探，也没险可冒，很明显，这苦豺其实就是……它不敢往下想，舌尖上吓出一层冷冷的黏液。突然间，它龇牙咧嘴冲着夏索尔和察迪以及整个豺群凶猛地咆哮起来，快收起你们这种罪恶的想法，只要我白眉儿还活着，谁也休想伤害兔嘴一根毫毛！

夏索尔和察迪朝后缩了缩，但整个豺群仍把洞口堵得严严实实。所有的眼睛都冷冷地盯着白眉儿和兔嘴，所有的豺都停止了嚣叫，石钟乳溶洞静得像座坟墓。

第一步是哀求和乞讨，第二步就是冷酷的威逼了。

除了白眉儿，所有的豺都认为兔嘴理应为群体牺牲自己。兔嘴双目失明，还瘸了一条腿，是个双料残废，早该被生活淘汰掉了。从日曲卡山麓出来，要不是兔嘴老滑倒老趺跤影响了整个豺群的行进速度，豺群早就在暴风雪来临之前赶到野猪岭了，也不会被困在这个石钟乳溶洞里。从这点推理下去，兔嘴是造成豺群目前这个生存危机的罪魁祸首，就算是赎罪，也该让它献身。每一匹豺心里都很清楚，假如就这样空着肚子走出洞去，很多豺都会因虚脱而倒毙在雪地里；肚子里必须要有内容，这内容非兔嘴莫属。少了兔嘴，埃蒂斯红豺群的整体力量不会受到丝毫损害，相反，还少了一个累赘和包袱。

平心而论，众豺的这种选择还算是公正的。

可白眉儿不是这样想的。兔嘴几次救过它的命，没有兔嘴，这世界上也不会有它白眉儿的，它怎么能让豺们把兔嘴吞噬掉？兔嘴的腿是为它而瘸的，两只眼睛里有一只是为它而瞎的，对它来说，兔嘴恩重如山。别说兔嘴还活着，就是死了，它也不能让兔嘴受到残害！

呦欧呦欧，它使劲叫起来。

——兔嘴是在同恶狼搏斗时被抠瞎了两只眼睛，它是为群体利益而残废的，它是功臣，你们却要吃掉它，你们还有没有一点良心啊？

——假如没有兔嘴，埃蒂斯红豺群早就被狼群赶过怒江去了，历史的功绩不容抹杀，它理应得到你们的爱戴和尊敬！

豺们对白眉儿激动的嚣叫无动于衷，仍用饥馑贪婪的眼光注视着兔嘴。

如果是在人类社会，不仅一般的残疾者会受到照顾，因集团利益而受伤致残的人还会受到社会的敬重，有专人负责照料他们的饮食起居，享受着崇高的荣誉。尽管这些人已不能生产也不能战斗，纯粹是累赘和包袱，但人们不会抛弃他们，这就是人的天良和道德。豺就不同了，豺没有功劳簿，也不珍惜历史；无论是谁，昨日的光荣决不能当做今天价值的砝码；所有的道德都服从一个原则：汰劣留良。

你残废了，你没用了，为了群体的生存必须牺牲一个，那么，即使你是豺王或王后，也没有豁免权的。

兔嘴瑟瑟发抖，哀嚣着，朝白眉儿身上挤。它虽然眼睛瞎了，什么也看不见，但从声音里已感觉到发生了什么事。

白眉儿舔舔兔嘴的额角，别害怕，有我在，谁也休想伤害你。兔嘴信任地把头靠在它的腰上，安静下来。

七八匹大公豺分成两队，贴着洞壁，从左右两侧朝白眉儿身后迂回过来；很明显，它们是要担当执法队，不，是担当刽子手的角色。

白眉儿慢慢后退着，把兔嘴塞进一个凹形的石旮旯里，这样就可保护兔嘴免遭来自背后的袭击。然后，它摆出一副扑咬的姿势，发出一声声让豺听着毛骨悚然的嚣叫。

七八匹大公豺被迫停了下来，你望我，我望你，突然一齐仰起脖子嚣叫起来，立刻，堵在石洞口的母豺和幼豺也跟着嚣叫，叫声忽而委婉绵长，忽而高昂激越，忽而凄厉哀怨，忽而气势汹汹。白眉儿一听就明白，这是豺们在向它倾吐复杂的情愫，既赞美它高大勇猛，又埋怨它优柔寡断，既有恳求的意思，也有威胁的成分。可以说，这是一种全民公决，也是一种最后通牒。

这些饿疯了的豺，是什么傻事都干得出来的。白眉儿心陡地缩紧了，它明白自己目前的处境，它虽然是优秀豺王，也无力与整个豺群抗衡的；它虽说会两级前扑和空中噬喉，但在一个空间十分狭小的石洞里，根本无法施展这些绝招；在这个小小的石洞里，只能是扭成一团混战一气，它寡不敌众，很快就会被饥饿的豺群撕成碎片的。

唉，要是现在突然从洞外蹿进来一头野猪就好了，一切问题就迎刃而解了，但这是异想天开，不可能的。

唉，要是现在哪匹幼豺像鹿踢儿那样突然倒毙，也能度过危机，但好几匹幼豺虽然已饿得快虚脱了，一时半刻却还死不了。

它经过九死一生的磨难，好不容易成了埃蒂斯红豺群的豺王，却马上要变成豺群的食物了，想到这一点，一阵悲哀袭上心头。为了一匹双目失明其丑无比又瘸了一条腿的母豺，牺牲掉自己，这值得吗？关键问题还不在这里，它被豺群咬死了，兔嘴会怎么样？极有可能豺群咬死它后，一不做二不休，捎带着把兔嘴也收拾了；就算豺们网开一面，放过兔嘴，兔嘴瞎眼瘸腿，能活下去吗？这么说来，不管它牺不牺牲自己，兔嘴都免不了一死。既然这样，它又何必为兔嘴白白殉葬呢。其实，双目失明，又瘸了一条腿，无法觅食，也无法行走，活着又有多大意思呢，假如换了它，它真觉得活着还不如去死呢。

或许，它确实该学得更现实些。

它犹豫着，不知道自己该不该跳开去。这其实并不难，它不好意思直接闪开的话，可以装着是向大公豺察迪扑过去噬咬，声势可以造得大一点，大声嚣叫，磅礴起跳，它跳得太猛太高了，情急之中忘了是在空间有限的石洞里，这是完全可能的，也是说得过去的，它一头撞在洞顶的岩壁上，撞得眼冒金星，当然也就没扑到察迪身上，而是落在对面的空地上，它喘着气，竭力想使自己缓过劲来。这样就足够了，早已等得不耐烦了的豺们决不会放过这个机会的，肯定会在它起跳落空的一瞬间朝失去了庇护的兔嘴冲过去的。又瞎又瘸嘴唇还豁了个 V 形口子的兔嘴决不会是几匹穷凶极恶的大公豺的对手，要不了几秒钟，身体就会被卸开。木已成舟，它当然没必要再跟整个豺群过不去了。这样做一箭三雕，一是能保证埃蒂斯红豺群吃到食物恢复体力顺利穿越雪山垭口，二是它不仅保全了性命还能稳稳当当地继续做它的豺王，三是它可以对自己解释说它并非出卖兔嘴而是偶然失误让大公豺们钻了空子，也就不用内疚、伤感和痛苦了。

这主意确实不错，做起来也不困难。

它先气沉丹田地长嚣一声，然后四肢弯曲准备起跳了，突然，它觉得应该再看兔嘴一眼，不管怎么说，兔嘴在它小时候曾像母亲一样给过它温暖，就算是和遗体告别，也该再看兔嘴一眼的。它扭过头来，正好和兔嘴脸对脸。兔嘴两只黑洞洞的眼窝流动着一抹幽深的光泽，脸平静得像结冰的湖面，刚才恐惧的表情消失得无影无踪；身体也不再像刚才那样偎缩在它背上，而是贴紧岩壁，离它足足有一尺多远，好像要同它保持一定的距离似的。它的心像突然被刺了一刀似的疼，兔嘴虽然眼睛看不见，但心如明镜，能洞察一切；兔嘴用一颗残疾者敏感的心，感觉到了它的犹豫和动摇，或许还感觉到了它内心隐秘的企图；兔嘴脸刹那间变得平静，是因为知道它就要用一种巧妙的办法抛弃它，生的希望已经绝灭，反倒不觉得害怕了；兔嘴不再偎缩在它背上，是知趣地自觉地离它远一点，是不愿连累它。

白眉儿羞愧得真想用爪子撕破自己的脸。想当初，在前任豺王夏索尔嗅闻到它身上豺毛深处有狗的气味而招来一伙大公豺准备处死它时，兔嘴奋不顾身地罩在它身上，不仅如此，当夏索尔把兔嘴咬得皮开肉绽时，兔嘴仍坚定不移地用自己的身体庇护着它，直到被咬断一条腿，失血过多昏死过去。假如当时兔嘴也多长一个心眼，要点滑头，在夏索尔把它背部咬伤后，装着无力抵挡夏索尔的凌厉攻击，从它白眉儿身上栽落下来，是完全说得过去的，一匹普通的母豺怎么会是豺王的对手嘛。这样的话，兔嘴既能算是救过它，而自己的腿也不会被咬断，两全其美。然而，兔嘴并没要这样的小聪明，而是不惜流干血也救它救到底。

还有在怒江浅水湾同狼群那场酷烈的厮杀中，兔嘴已经被一匹灰狼抠瞎了左眼，但当看到它白眉儿就要被大花狼咬住颈窝的时候，不顾一切地蹿上来咬住大花狼一条后腿，大花狼举起尖利的狼爪去挖兔嘴的右眼，这时候假如兔嘴闪一闪私心杂念，松开咬住大花狼的嘴，也是完全合情合理的。它已经瞎了一只眼，当然要格外珍惜剩下的最后一只眼，双目失明对没有残疾者协会的豺来说和死亡基本上是可以画等号的，谁也无权指责它要保住一只独眼的愿望，然而这么一来，它白眉儿就必死无疑。在这生死攸关的时刻，兔嘴没有任何犹豫，宁可自己变成瞎眼豺，也决不松口，使它白眉儿转危为安，转败为胜。

和兔嘴相比，白眉儿觉得自己卑鄙得就像一堆臭狗屎。在关键时刻，兔嘴都是真心实意地救它，而它却虚情假意地想要手腕出卖兔嘴。它觉得兔嘴像面镜子，照出了自己的丑陋。

它汗颜内疚，简直无地自容。

它要救兔嘴，哪怕失去豺王宝座，哪怕牺牲自己也要救兔嘴；地位很重要，生命很宝贵，但情义更是无价的。

它收回准备起跳的姿势，身体主动朝兔嘴靠了靠；霎时间，兔嘴的脸又恢复了恐惧的表情。

七八匹大公豺和五六匹年轻的母豺一字排在白眉儿面前，低嚣着，神经质地颠跳着，一场杀戮眼看就要爆发了。

突然，白眉儿朝前跨了一步，四肢一曲，躺卧下来，然后侧转身体，仰面朝天，脖子抻直。这个身体语言十分明确，就是放弃抵抗，听任宰割。

呦欧，呦欧，它朝杀气腾腾的豺召唤着。

——来吧，你们不是想弄到食物吗，那就把我撕成碎片吧。

它不能把兔嘴交给饥饿的豺群，也无法让豺群放弃罪恶的念头，倘若与豺群混战一场，不仅取胜无望，还会白白把兔嘴也给搭上的；它向豺群奉献出自己的身体，或许豺群会网开一面让兔嘴活下去。

豺们都给镇住了，面面相觑，不知该如何是好。

一匹身强力壮高居豺王宝座的大公豺，竟然要替一匹瞎眼瘸腿的母豺去死，这在埃蒂斯红豺群是从未有过的事，这完全不符合汰劣留良的丛林法则。但是，这种壮烈的情怀和至死不渝的爱意却让汰劣留良的丛林法则相形见绌。

豺们迟迟不敢扑上来噬咬。对绝大多数豺来说，并非要置豺王于死地，而是遵循豺社会一条古老的遗训：牺牲无用的个体，保全群体的性命。它们攻击的目标是兔嘴而非白眉儿；它们朝白眉儿和兔嘴围上来，也只想将白眉儿纠缠住，拖拽开，好收拾兔嘴。

只有前任豺王夏索尔是个例外。夏索尔开始时也像其他豺一样，觉得天经地义该由兔嘴做特殊的苦豺，一方面可以解决食物问题，另一方面也使它出了口恶气。要不是兔嘴多管闲事，白眉儿早被当做豺的异己分子给豺群处理掉了，它也不会被从豺王的宝座给撵下台的。没想到白眉儿竟然傻到愿意替兔嘴去死，这使它产生了一种意外的惊喜。白眉儿一死，豺王宝座非它夏索尔莫属，它不用费吹灰之力，就可复辟成功，重新成为埃蒂斯红豺群的首领。它希望早已等得不耐烦了的豺们蜂拥而上，“成全”了白眉儿。遗憾的是，豺们不知何故，都站着发愣。

夏索尔怕再僵持下去，会节外生枝，就试探着朝前跨了一步，想给大公豺们起个带头示范作用。“呦欧——”背后传来一声粗哑的低嚣，它回头一看，大公豺和年轻的母豺都用阴森森的眼光望着它，很明显，这眼光里含有一种谴责；它忍不住哆嗦了一下，又退缩回来。别着急，要沉住气，它告诫自己，等待最佳时机。

一时间，石钟乳溶洞里没谁走动，没谁嚣叫，没谁蹿跃，匹匹豺都凝神屏息，仿佛一群陶俑。

再拖下去，太阳很快就会下山，天黑前就赶不到雪山垭口了；摸黑穿越可怕的雪山垭口，成功的可能就更小了。

白眉儿在自己前腿内侧咬了一口，然后闭起眼睛。让血流出来，血腥味会使饥饿感成倍发酵，并刺激起疯狂的厮杀冲动；闭着眼睛，大概可以减轻前来噬咬的豺的心理负担。

果然，豺们翕动鼻翼，情绪渐渐亢奋起来，有好几匹大公豺眼光迷蒙，嘴角滴出口水。

夏索尔呦呦叫起来。到嘴的血不舔白不舔，到嘴的肉不吃白不吃；你们难道要在这坟墓般的石洞里集体饿死吗？

大公豺察迪梦游般地蹿到白眉儿面前，张嘴想咬了，可舌头刚刚触碰到白眉儿的颈窝，不知是慑于豺王的威势，还是受汰劣留良这条法则的束缚，又把嘴缩了回来，扑棱了两下尾巴，走开了。

真没用，夏索尔想。看来，除了它，没谁有魄力往白眉儿的颈窝咬。奶奶的，再试探它一次。它朝前跨了两步，等了等，这次，没谁再低声嚣叫，也没谁再用谴责的眼光看它。好了，它可以放开胆子干了。它暗暗憋足劲，瞄准白眉儿的喉管，闪电般蹿过去；它要一口解决问题，麻利地咬断白眉儿的脖子，让白眉儿想后悔也来不及。

夏索尔的尖利的牙齿差不多要咬住目标了，突然，一个红色的身影斜刺蹿上来，咚的一声撞在它腰间，它没防备，被撞出好几尺远。爬起来一看，原来是兔嘴撞了它。

兔嘴站在白眉儿面前，“呦——欧——”发出一声撕心裂肺般的叫声；声音如石破天惊，震得石洞微微颤抖，洞顶的泥灰石屑纷纷洒落；声音如惊雷炸响，具有极强的穿透力，使每一颗豺心都忍不住一阵震颤。

兔嘴嚣叫一声后，扭转身，柔软的鼻吻深情地摩挲着白眉儿还在流血的前腿内侧，两只黑洞洞的眼窝凝望着白眉儿的脸。

它什么都看不见！它什么都看得见！

白眉儿预感到要出事，骨辘翻爬起来，想阻止可怕的事情发生，可是，已经晚了。只见兔嘴敏捷地跳开去，突然全身豺毛恣张，昂首挺胸，像朵正在燃烧的火焰，三条豺腿猛力一蹬，身体笔直朝前飞弹出去；那优美的姿势和磅礴的气势，就像是在朝一头已口吐白沫走投无路的黄麂进行最后的扑击；在身体腾空的一瞬间，兔嘴把脑袋勾起来，把高低不一的两只前爪缩在腹部；砰的一声响，兔嘴的头重重撞在坚硬的岩壁上，脑袋开花，脑浆四溢。

一朵美丽的火焰熄灭了。

白眉儿和所有的豺都被这突如其来的变化惊呆了，傻愣愣地望着躺在地上已气绝身亡的兔嘴。好一会儿，夏索尔和察迪才像从梦境中醒来，发出一两声不知是哀悼还是

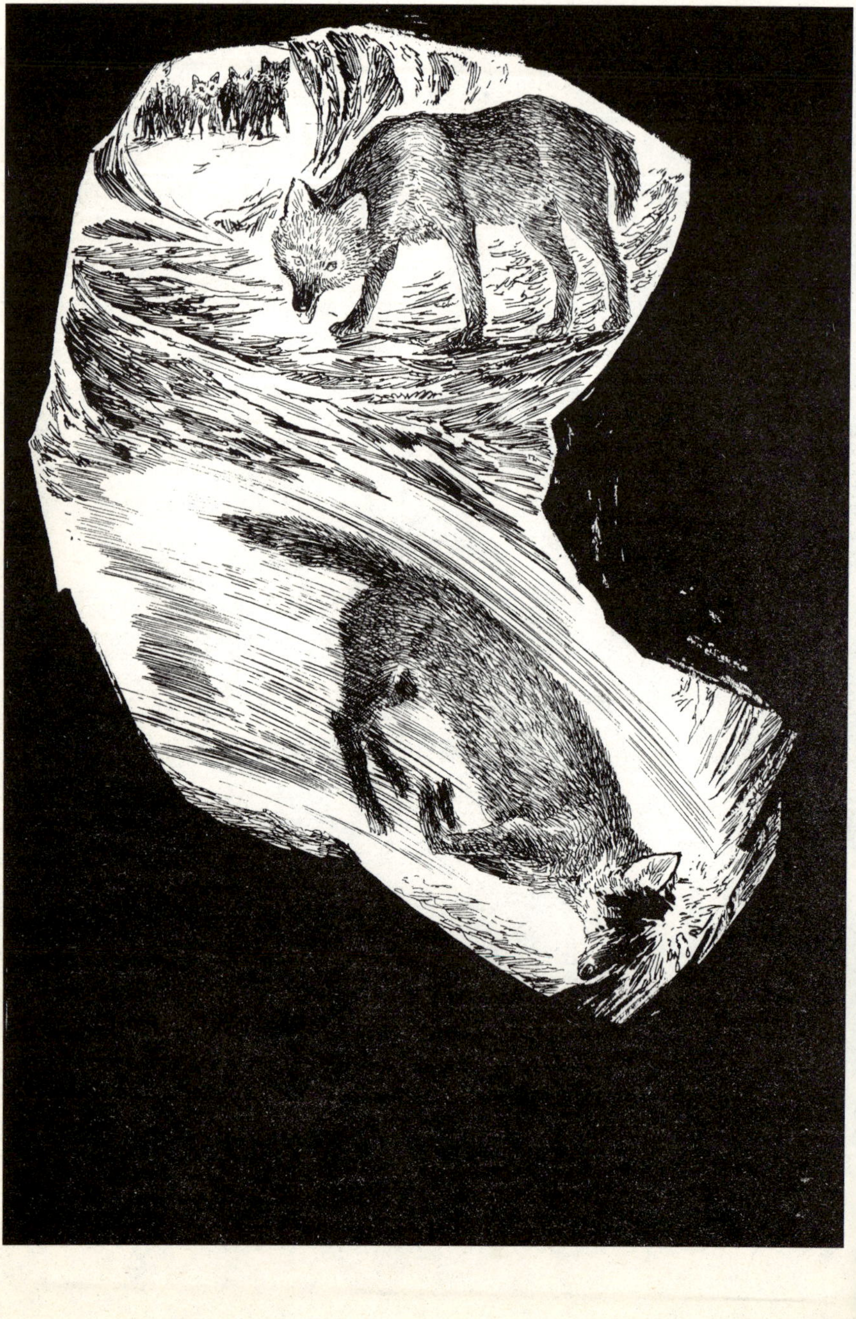

欢呼的嚣叫。豺们这才迈着沉重的步伐，慢慢朝兔嘴围拢过去。

白眉儿长长地哀嚣一声，蹿出洞去。

它宁愿活活饿死，也不会去吃兔嘴身上的肉的。

第八章　迟来的爱情

严酷的冬天终于过去了，埃蒂斯红豺群从野猪岭回到了日曲卡山麓。

雪线退到了半山腰，融化的雪水滋润了大地，尕玛尔草原春风荡漾，草籽吐芽，一片翠绿。南迁的鹿群在体内生物钟的准确引导下，又从温暖的南方回到了牧草丰盛的日曲卡山麓。斑羚、岩羊也结束了刨开雪层啃食地衣苔藓的苦日子，从神秘的山旮旯里钻了出来。冬眠的土拨鼠、青蛙和狗熊在惊蛰雷声中苏醒了。荒芜了整整一个冬天的大地重新恢复了生机勃勃的景象。

对埃蒂斯红豺群来说，可怕的饥饿已成为过去，食物日渐丰盛，一匹匹豺都吃得肚儿溜圆，瘦骨嶙峋的身上重新绽出凹凸分明的肌肉。

生命一旦恢复了元气，便会产生繁衍后代的冲动。

青草拔节，花蕾绽放，彩蝶翩飞，蜜蜂嘤嘤，果蝇嗡嗡，雄雉亮翅，鱼儿打挺，自然界沉浸在一片温馨的春情中。

埃蒂斯红豺群又进入了发情期。

豺春秋两季发情，这是适应日曲卡山麓独特的地理环境气候条件而进化成的规律。春季发情交配后，母豺经过两个半月的怀孕，在夏天产下豺崽，到了秋季，豺崽身上已长出厚厚的绒毛，能跟随母豺在树林里奔跑了，这样就较容易度过严寒的冬天。秋季发情交配后，母豺分娩刚好是融雪的初春，躲过了食物匮乏的冬天，新生豺崽就容易存活下来。

适者生存，这是大自然的造化。

无论哪种动物，春情勃发时容颜都要比平常美丽得多。每当交配季节，雄红腹角雉弯成弧形的长长的尾羽就会变幻出红黄蓝三种色彩，在阳光下闪亮；雌蚂蚱全身会呈半透明状，像块翠玉；牦牛身上会散发出一种吸引异性的麝香味；雌猴的臀疣红得像杜鹃花；雄鹿的八叉大角架格外威武……豺也不例外，春情时节，公豺体毛厚密，像涂了一层彩釉，唇吻间的银须弯弯翘起，平添了一种威仪；母豺浑身上下的毛油光水滑，两只豺眼热情活泼，充满了一种渴望、企盼和等待。

每当暮色如烟，最后一抹夕阳从草间隐退，暖煦的晚风溜过树林，骚动不安的公豺就开始追逐自己中意的异性。

石缝间、树洞里、草滩上、月光下，不时传来公豺求偶心切的呼叫和母豺忸怩作态的惊叫，也有一雌一雄轻声曼语般的对嚣。也有公豺之间为争偶而引发的狂嚣乱吼。整个埃蒂斯豺群喧喧嚷嚷，好不热闹。去年秋天因狼害而损失了一个发情期，这会儿豺们变本加厉寻欢作乐。

在成年豺中只有白眉儿对这季节变化无动于衷。它仍然像平常那样生活，既不对母豺多看一眼，也从来不朝天空发出求偶的叫声。该率领豺群觅食，它就率领豺群觅食。空闲下来，就独自找个角落静静地躺卧着。有一匹情窦初开的母豺在月光如水的夜晚走到它面前一指远的地方，轻柔地摇动蓬松如芦花的尾巴，呼出对雄性来说如兰似麝的气息，露骨地进行挑逗，但白眉儿却卧在树丛里纹丝不动，像块没有知觉的木头。情窦初开的母豺碰了一鼻子灰，鼻孔哼了两声，扭身便去找对自己有那种意思的公豺了。在埃蒂斯红豺群，并不缺乏异性，找谁都可以使自己做母亲的。

白眉儿那颗心仿佛是用没有感觉的石头雕琢成的，如水春情也休想泡酥它。

在豺群，虽然没有如海豹、狮子、大象那样有一雄霸占众多雌性的婚姻状态，但豺王到底是豺王，有挑选异性的优先权。假如白眉儿看中哪匹母豺，是不会有其他大公豺来争夺的。然而，白眉儿自动放弃了这个特权。

那些暗中对白眉儿抱有好感的母豺，见它如此冷漠，都纷纷丢掉幻想另择良偶了。只有蓝尾尖仍不死心，它以成熟雌性特有的自信，非要和白眉儿结成伴侣。

俗话说雄的想雌的隔座山，雌的想雄的隔层雾。雾纱轻薄，若有若无，一碰即散一捅即穿，几乎没有什么障碍。

蓝尾尖不是刚刚性成熟的小母豺，它已经生育过两胎了，或许可称之为少妇型母豺。比起那些对什么都懵懵懂懂的姑娘型母豺来，蓝尾尖体态更丰腴，臀部更浑圆，腰肢更柔软，眉眼间蕴涵着淡淡的忧伤，风姿绰约，不乏青春的娇美，更有一种成熟的韵味，也就更有一种吸引异性的魅力。

蓝尾尖是下台豺王夏索尔从大公豺博里和贾里那里接收来的妻子。一般来说，豺有相对稳定的配偶，发情期夫妻重温春梦。因此，发情期开始，夏索尔理所当然地找蓝尾尖做伴，蓝尾尖却将尾巴闭合在两胯之间，躲开了。它不愿意再让夏索尔做自己未来儿女的父亲。即使夏索尔还没下台，还是威风凛凛的豺王，它也不想再让它踩到自己背上来了；更何况夏索尔已经下台，落毛的凤凰不如鸡，下台的豺王不如狗。

豺对爱情远不如大鼻梁的鹈鹕那样忠贞。雌雄鹈鹕一旦结合，便终身不渝；假如生命的旅途中有一方意外死亡，另一方绝不会再醮或再娶，而是悲伤孤独地了此残生。但豺的婚姻观也不像鸳鸯那样轻率。人类把鸳鸯当做美丽的爱情象征，这实在是一种指鹿为马式的错误。其实雄鸳鸯只是在交配期间才对雌性如痴如醉般地热恋，一旦雌鸳鸯开始抱窝孵蛋，雄鸳鸯就感情开小差，离开旧情侣去另选新欢了。即使是在如胶似漆的交配时间，有一方罹难，另一方最多伤心三五天，意思意思，就急急忙忙地去追求新的幸福了；新情侣在一起嬉戏觅食，卿卿我我，看不出有任何心理上的疙瘩。可以说，鸳鸯是一种典型的喜新厌旧的动物。

豺的贞节观似乎介于鹈鹕与鸳鸯中间；豺的家庭既有稳固型的，也有易变型的。

蓝尾尖并非水性杨花式的雌性。它之所以会产生另觅佳偶的念头，完全是出于一种母性的天性。它生育过两胎，可惜没有一只豺儿豺女存活下来。豺的繁殖能力虽无法同老鼠媲美——从理论上说，一对成年老鼠两年就可以滚雪球般地发展到上万只，据说现在地球上老鼠的数量已超过了人类——却也不像东北虎、亚洲象那般繁殖力偏低。从理论上说，豺一年生育两胎，即使把母豺在育儿期停止发情也扣除掉，仍以一年一胎的几何级数在递增，每胎二只至三只幼崽，出生的幼崽两年后即可繁衍，如此说来，要不了几年，豺群就会同人类争夺生存空间。但事实上，埃蒂斯红豺群多少年来，数量都在五十四上下徘徊。幼豺繁殖得快，死亡率也大得吓人，几乎只有百分之十左右的幼豺能平安长大。天上的金雕、秃鹫，地上的豹子、老虎，水里的鳄鱼、巨蜥，还有严酷的冬天，还有人类的围猎，都是幼豺生存的凶恶天敌。

由于生存压力，埃蒂斯红豺群中的母豺一般都挑选两种类型的配偶。一是忠诚型的。母豺单靠自己的力量无法挑起养育儿女的沉重担子，必须要有公豺在它哺乳期间帮助觅食；在儿女稍大些时，要靠公豺来训导下一代怎样猎食怎样躲避天敌等丛林生活的全套技能；因此，挑选更愿意留在自己身边对自己一往情深忠诚可靠的配偶，就不仅能满足感情上的需要，还具有生存意义上的价值了。二是伟丈夫型的。只有身体最强壮皮毛最鲜艳的大公豺才能保证母豺生育出最健壮最有生命力的后代；和体格羸弱皮毛灰暗的公豺交配往往生下平凡的后代；强壮的体格在险恶的丛林中具有不可忽视的意义，不仅容易猎获食物，容易生存下来，长大后还容易获得交配的机会，得到复制生命的权利。

当然，对母豺来说，最好是找个忠诚型兼伟丈夫型的。遗憾的是人无完人，豺无完豺，忠诚型的往往各方面都比较窝囊，而伟丈夫型的又都花头花脑花心肠。在埃蒂斯红豺群中很难找到两型兼备的大公豺。

大前年春天，蓝尾尖刚发育成熟时找的第一个配偶就是忠诚型的。那时它还很幼稚，认为在大公豺的诸多美德中忠诚应当是排第一位的；伟丈夫型的虽然中看，但假如在它生下豺崽后就从它身边溜之大吉，身躯再伟岸再好看又有什么用呢？2－1＝1，所有的家庭重担和养儿育女的艰辛都落在它身上，伟丈夫就变成了要它独自品尝的一杯苦酒。它觉得忠诚型的虽说长得很普通，地位也一般，却永久陪伴在自己身边，1＋1＝2，怎么说也能替自己分担家庭的重担和养儿育女的艰辛；最要紧的是心好，心好了什么都好了。

在这种想法的支配下，蓝尾尖找的第一个配偶就是帝帝。帝帝绝对忠诚，自从同它结成伴侣后，对其他的母豺从不多看一眼，蓝尾尖走到哪里它就跟到哪里，简直成了蓝尾尖的影子。一匹貌不出众又没有多少情趣的公豺白天黑夜黏在它身边，开始它还觉得挺得意的，时间一长，厌烦得真想一脚把帝帝踢开。产下三只豺崽后，日子就更寡淡乏味了。

光精神上的贫困倒也算了，无法忍受的是食物的贫困。它刚产下崽，身体虚弱，无法觅食，再说刚生下来的幼豺活像剥皮老鼠，绒毛细软，全身粉嫩，连乌鸦都敢来窃食，它一步都离不开小宝贝，只有靠帝帝给家庭提供食物。帝帝本来在豺群中就属于不起眼的小角色，食物丰盛时混饱自己的肚皮倒不成问题，食物缺乏时连自己活下来都有点勉强。虽然帝帝只要得到半只松鼠或一条兔腿，宁肯自己空着肚子也要送到它蓝尾尖面前，但好心肠并不能保证有好运气，帝帝常常空手而归。蓝尾尖饥一顿饱一顿，乳汁也就断断续续有一天没一天。三只豺崽养得皮包骨头，可说是三根筋挑着一个头。由于长得瘦弱，也由于父豺在群体中地位卑微，小家伙经常受到同龄伙伴的欺负。

到了冬天，一场暴风雪过后，优秀的大公豺都饿得饥肠辘辘了，帝帝更是走投无路，一连几天都找不到食物。三只小宝贝在短短的一天里相继变成饿殍。蓝尾尖一辈子也忘不了三只小宝贝断气时的情景，小腿可怜地在雪地上踢蹬，无神的眼睛盯着它蓝尾尖，嘴唇粘满了沙土——它们饿极了只好啃拌着雪的沙土充饥。帝帝蜷缩在一隅，扭着头不看奄奄一息的儿女，似乎这样就可以减轻沉重的负疚感。当最后一只幼崽毛茸茸的小脑袋无力地歪仄在雪地上时，蓝尾尖一颗母性的心碎了，它朝帝帝投去轻蔑的一瞥，当时心里就冒出一个这辈子不可能再逆转的念头：离开帝帝，离开这个窝囊废；不能再找忠诚型的了，一定要找伟丈夫型的，才有力量庇护妻儿免遭灾祸。

前年春天，当豺体内的生物钟指向春情勃发时，蓝尾尖毅然决然地把帝帝晾在了一边，向优秀的大公豺博里抛出一串秋波，没想到博里的孪生兄弟贾里横插了一杠子，兄弟俩争风吃醋打了起来。豺王夏索尔本来是要来调解纷争的，可突然间竟自己也充当起求婚者的角色了，蓝尾尖立刻将感情的风标移动位置，指向夏索尔。

夏索尔无疑比博里和贾里更具有伟丈夫型的特色：健美的身躯，尖利的犬牙，锐不可当的豺爪，叱咤风云的气概，组合成非凡的雄性风采。蓝尾尖接受了夏索尔的“抢婚”。果然，伟丈夫型的配偶给它带来了比想象更美好的幸福，它在埃蒂斯红豺群中的地位一下提高了许多，极大地满足了雌性的虚荣心。

当年秋天，蓝尾尖产下一雌一雄两只豺崽。豺儿起名月升，豺女起名月圆。龙生龙凤生凤，豺王的儿女决不会是孬种。月升和月圆刚从产道降临这个世界，就吱吱吱叫得格外响亮，三天就能睁开眼睛，七天就能爬到蓝尾尖的身上来抢奶吃。夏索尔不愧是豺王，携带回来的食物质精量多。新鲜肥腻的羊肠羊肚，滴着血冒着热气的大块鹿肉，蓝尾尖嚼得满嘴流油，两排乳房鼓得像吊在树梢上的野蜂窝。养到翌年春天，月升和月圆胖得像猪崽，活蹦乱跳，比同龄幼豺大出整整一圈。优良品种真是受益无穷啊。

就在蓝尾尖为自己能及时换脑筋丢弃忠诚型改找伟丈夫型而得意扬扬时，晴天一声霹雳，夏索尔突然感情叛变，和一匹名叫农农的小母豺打得火热。假如夏索尔实行双轨制，喜新不厌旧，倒也罢了，偏偏夏索尔是个忘恩负义喜新厌旧的家伙，才短短两天时间，就变得好像和它蓝尾尖从来没任何瓜葛一样，不仅停止送食，连看都不朝它看一眼。蓝尾尖立刻陷落困境，又要跟随豺群一起出去觅食，又要照顾幼豺，根本忙不过来。跟着公豺们外出狩猎，即使有所收获，轮到它也所剩无几了。最要命的是，它外出觅食，月升和月圆只好丢在窝里。小家伙很淘气，常常趁它外出之际溜出隐蔽的石缝四处乱窜。大祸就这样酿成了。

那天傍晚，当它叼着一只从雕爪下抢来的麂鹿，焦急地跑回窝，千呼万唤，也不见月升和月圆。石缝里冷冰冰的，只有一些凌乱的树叶。它四处寻找，在一条长满蘑菇的箐沟里，找到几撮玫瑰红的豺毛，还有点点滴滴凝固了的血迹；在豺毛和血迹周围，是一片清晰可辨的狼獾的爪印。狼獾身体小如黄鼬，却凶狠贪婪比狼有过之而无不及，胆子贼大，敢趁母豹瞌睡之际偷偷溜进豹窝叼刚出生的豹崽。可怜的月升月圆，竟成了狼獾的腹中餐。狼獾早已逃之夭夭，连影子都见不到了。

蓝尾尖一腔怒火便对准夏索尔。假如夏索尔不见异思迁，它就用不着跑出去觅食，也就决不会让该死的狼獾钻了空子。但夏索尔身强力壮，它蓝尾尖没有足够的力气将其变成自己的出气筒。于是它便迁怒于农农，它想，假如没有农农这个小妖精充当第三者，夏索尔就不会离开，家庭就不会分裂，月升和月圆也就不会被狼獾褫夺了性命。

复仇的计划不难实施。

这天下午，豺群来到温泉谷，那儿其实是个死火山口，小小的瓶颈似的山洼里东一眼西一汪有十几处温泉，热雾氤氲，散发着一股浓烈的硫磺味。其中有一眼蝶状温泉水特别烫，水面卜突卜突沸腾着气泡，四周的岩石都被烫得焦黄，由此而得名为火泉。

蓝尾尖在一块烂泥塘里捉了只田鼠，瞅见农农独自在火泉边溜达，便走过去，假装不小心让嘴里的田鼠逃脱了；田鼠吱溜朝火泉方向逃命，蓝尾尖笨手笨脚怎么也逮不住。农农看得心痒眼馋，赶过来扑捉田鼠，想捞个便宜。不知不觉便到了火泉边缘。

蓝尾尖细长的豺眼四下一瞄，见没谁注意这里，便闷声不响地从侧面猛蹿上去，豺头咚的一声撞在农农的胸肋上。这是一股用仇恨凝成的冲力，又突然，又猛烈，农农四爪离地，身不由己地腾飞起来，不偏不倚掉进火泉。小妖精的嘴还叼着田鼠，来不及吐掉，也就来不及发出求救的呼叫。沸腾的火泉溅起一簇水花，农农便神不知鬼不觉地从这个世界上消失了。便宜了这个骚兮兮的小母豺，蓝尾尖想，一下子被烫死的滋味总比被狼獾撕成碎片的滋味要好受些。

事情结束后，蓝尾尖下决心不再和夏索尔纠缠不清了。它总算悟出一个道理：找伟丈夫型的结局并不比找忠诚型的结局更妙些。看来，这两个极端都要不得，它必须找一匹伟丈夫和忠诚这两种型号兼而有之这两种品质完美地集于一身的公豺。那时候，白眉儿还没回豺群，它在埃蒂斯红豺群里找不到这样十全十美的大公豺，找不到它就宁肯不做母亲；它不能年复一年地一次又一次地承受失子的悲痛。

它等待着，耐心地等待着，执拗地等待着，绝望地等待着。

就在这时候，白眉儿出现了。蓝尾尖很快发现，白眉儿正是自己梦寐以求的伟丈夫与忠诚两型兼备的理想配偶。

白眉儿身躯比夏索尔还高出半个肩胛，威武雄壮，敢同狼酋拼斗，证明它具有超级胆魄；它能轻而易举地就把夏索尔撵下王位，证明它头脑和四肢同步发达。用豺的标准来衡量，白眉儿算得上是出类拔萃的伟丈夫。

最让蓝尾尖动心的是，白眉儿同时把忠诚的品性发挥得淋漓尽致。瞧那个兔嘴，瘦得连奶子都缩进肚皮去了，背脊上的体毛东一绺西一绺，像缺少土壤的石崖上长出来的稀草，色泽黯淡，失去了青春的红艳，标准的未老先衰，还跛了一条腿，还双目失明，眼球掉了，眼窝四周的肌肉凹塌下去，弄得歪鼻子歪嘴，简直像个丑八怪。换了其他任何一匹公豺，就是一辈子找不到配偶也不会对兔嘴动情的；就算过去彼此有过一段情缘，看到兔嘴变得又丑又残，公豺也十个有九个半要做负心郎的。可白眉儿却与众不同，整日陪伴在兔嘴身边，仿佛是守着一匹如花似玉的娇母豺，从没见它流露出半丝厌恶的神情。当兔嘴险遭狼酋扑咬时，白眉儿奋不顾身地上去相救；当兔嘴被豺群指定为献身的苦豺时，白眉儿甚至想替兔嘴去死。这真是一种它蓝尾尖闻所未闻的罕见的忠诚。

阿弥陀佛，兔嘴还算知趣，撞壁而死，腾出了一个好位置。

蓝尾尖想，自己同兔嘴相比，无论相貌容颜体态毛色风度气质都要胜过百倍，绝不是夸张，兔嘴是屎渣渣，它蓝尾尖是一朵花。

按豺的直线思维来判断，白眉儿既然对屎渣渣都忠诚不贰寸步不离，那么，一旦有一朵娇艳的花向它开放，岂不美得它骨头酥软？怕是粘在"花"的蓬松的大尾巴后面赶也赶不走喽！

开始，蓝尾尖像其他母豺那样在白眉儿的面前用舞蹈般的姿势跑来跑去，展示自己婀娜的身材和艳如霞光的皮毛，异性的美不仅赏心悦目，还是一种强大的牵引力量，会牵引出无端的柔情和难以抑制的冲动；它还有意站在白眉儿的上风口，抖动身体，抖出一团团雌性胴体的芬芳，随风送进白眉儿的鼻孔。气味在哺乳类动物的求爱活动中堪称无形的红娘，既是情感的桥梁，又是情欲的魔扇，能最大限度地撩拨对方的心弦。可恼的是，白眉儿像个瞎子、聋子和鼻炎患者，对它蓝尾尖的种种挑逗无动于衷。

蓝尾尖深感委屈。假如它是匹生活阅历浅薄的小母豺，早就知难而退了。可它是匹饱经风霜的母豺，它晓得这世界上真正优秀的大公豺太少了，过了这个村就没有这个店，它不能轻易放弃的，无论如何它都要让白眉儿拜倒在它芦花般的豺尾下。

正面用雌性的媚态和雌性甜美的气息去勾引，看来是行不通了，那么，就用迂回的手段进行曲线引诱。

蓝尾尖想，白眉儿是因思念兔嘴而对其他异性失去兴趣的。(想到这一点，蓝尾尖心里就有一种无可奈何的酸溜溜的感觉，但它是匹成熟的母豺，敢于正视现实。)白眉儿丧失了心爱的意中豺，心情过度悲伤悒郁，才会在炽热的发情期表现出反常的孤独。对豺来说，一种草药治一种病，心病尚需心药医。既然媚态和气息都无法打动白眉儿那颗僵木的心，那么，变化方式方法，投其所好，顺应白眉儿特殊的心态，也许就能奏效。

不管怎么说，把对方的注意力吸引到自己身上来，是达到最终目的的先决条件。

蓝尾尖很聪明，立刻来了个一百八十度的大转弯，收藏起雌性的娇态，克制住春情的冲动，对豺群热闹的求偶交配活动充耳不闻，摆出一副心如枯井已激不起任何涟漪的冷漠表情，整天除了觅食进食，便寻找一个不为众豺所注意的僻静角落，蜷缩着身体，作沉思状。它本来就因为在择偶和生育问题上遭受过两次沉重的打击，双眸烙下了一层淡淡的忧伤，犹如本色演员在演适合自己戏路子的拿手好戏，很快就近入角色，真的像匹被生活所遗弃的可怜的母豺。当然，这僻静的角落既要避开众豺的眼睛，又不能让白眉儿也看不见；倘若白眉儿也看不见，这戏演给谁看呀！也不能离白眉儿太近，太近了容易被对方怀疑是在演戏。蓝尾尖很会挑地方，总是离白眉儿躺卧的位置二十来米远，避开正面，找个斜角，距离和角度都很微妙，既不是面面相觑，又很容易互相看到。

用忧伤对付忧伤，用深沉对付深沉，这在埃蒂斯红豺群中绝对是一种新式勾引法。凡是新鲜玩意儿，总会引豺注目的。

头一天，白眉儿只是淡淡地望了望蓝尾尖，并没表现出有意义的反应，或许白眉儿还以为蓝尾尖太累了，想多休息一会儿。

第二天，蓝尾尖继续表演。它昂着头颅，两眼长时间地凝视着蓝天上飘浮的白云，唇吻紧闭，豺脸蒙着一层圣洁的光辉，神态介于矜持和庄重之间，显现出雌性的高贵。大公豺博里不知是出于欣赏还是出于怜悯，衔着一块不知从哪里弄来的牛排，跑到蓝尾尖面前，把牛排连同殷勤一起奉献到它嘴边。傻蛋，来得正好！它仿佛是泥塑木雕，连瞧都不瞧博里一眼。博里激情澎湃，腾、跳、扑、跃、挪、闪、蹿，尽情地表演着雄性的力量美，以期能打动蓝尾尖的芳心。真是傻得出奇，蓝尾尖做出一副极不耐烦的表情，慢吞吞地站立起来，沉静地走开去，换了个地方，又朝天空忧伤地眺望。

博里抬起一只前爪搔搔自己的额头，很不理解地望望蓝尾尖，衔起牛排寻找其他母豺去了。

走吧，亲爱的道具，走吧，亲爱的陪衬。

哦，白眉儿的眼光正朝自己投来呢。白眉儿眼角微微朝耳朵吊起，一副惊诧的表情。哦，白眉儿开始注意自己了，蓝尾尖高兴地想，鱼儿只有注意了鱼竿上的诱饵后才会上钩的。不难猜测白眉儿此刻的心理活动，这家伙目睹它蓝尾尖冷漠地拒绝了博里的求爱后，一定产生了强烈的好奇心：怎么回事，在发情期居然还有一匹年轻貌美的母豺同自己一样对什么都不感兴趣？

好奇心会引起探索，探索会导致进取。

蓝尾尖用眼睛的虚光瞄见，白眉儿越来越频繁地朝它张望。它装着在甩头驱赶一只牛虻，让自己的视线与白眉儿的视线撞了个正着，它用一种恰到好处的羞涩表情很快将自己的视线避开去，还扭了扭腰，使自己的身体再侧转一点，与白眉儿保持一个很刁钻的角度：在这么个角度上，白眉儿已不能很容易窥见它蓝尾尖的正面了，只能望见小半个侧面，望见脸部一个朦胧的剪影。雾里看花，水中望月，含蓄也是一种美。

白眉儿抻长脖颈，蓝尾尖就把脸侧转得更厉害些；白眉儿缩回脖颈，蓝尾尖就把脸重新调节得周正些。不能看不见，也不能太看见。

我孤独地品味着内心的痛苦；我心里藏着一个谁也无法破译的哀伤的谜。

这一招还真灵，白眉儿竟站起来，换了个位置，换到蓝尾尖的正对面来了。

鱼儿终于要咬钩啦，蓝尾尖得意地想，但它还不急于收竿。它觉得白眉儿像松脂一样粘在自己身上的视线，还停留在好奇心引起的兴趣上，就像鱼发现诱饵后正在用鱼嘴小心试探，还没往肚里吞；这时收竿，十有八九会把鱼儿吓跑的，关键是要促使鱼儿把诱饵囫囵吞进去。而要把好奇变成赏识，猜谜似的注视变成惺惺相惜的凝视，看来得寻找一个生活的共同点，让感情脚踏实地地向前发展。

这共同点不用找就自己跑来了。

这小家伙确实是自己跑来的。这天下午，天气有些闷热，埃蒂斯红豺群正在一块苜蓿地闲游。突然，一股陌生的气味从上风口漫来，众豺警觉地竖起尖耳，停止动作。青翠的苜蓿秆哗啦啦响，钻出一只小公豺，半岁模样，身体瘦削，小尾巴被树脂果浆粘成棍状，脊背因营养不良而弯成弧形，背上有两条对称的银白色斑纹。银背豺怯生生地望着埃蒂斯红豺群，嘴角咿哩呜噜发出柔声哀叫。

不用细看就知道，这小家伙不属埃蒂斯红豺群的血统。谁也不知道小家伙从哪里来，为啥小小年纪就独自流浪。也许，这是遥远的古戛纳河源头某个豺群里的成员，那个豺群因瘟疫而灭绝了，小家伙是幸存者，被迫背井离乡到这里来寻一条生路；也许小家伙的父母外出猎食不幸被猛兽或猎人所害，小家伙离开群体出来寻找，迷了路。不管怎么说，这是一个小可怜。

瞧它那双小眼珠子，充满了惊恐悸怕，肩胛战栗着，仿佛刚从地狱里逃出来似的。它不断地叫唤着，很明显，是在恳求埃蒂斯红豺群收留它。

豺群一片静穆，突然，大公豺察迪朝银背小公豺张牙舞爪地蹿跃过来，呦嗷，凶猛地嚣叫了一声。这是一种恫吓，一种威胁，表明这样一种态度：讨厌的小瘪三，快滚开，滚远一点，我们决不会收留你的！

银背小公豺哀嚣一声，转身逃出苜蓿地。但没走多远，又踅了回来，大约它实在是无处可去，哪怕被咬一顿，也想留在埃蒂斯红豺群里。

察迪绕到侧面，借着茂密的苜蓿杆作掩护，悄悄向银背小公豺逼近。

一场恃强凌弱的屠杀即将发生。

“呦——”在这节骨眼上，白眉儿朝察迪威严地嚣叫了一声，制止野蛮的行凶。

察迪颇不服气地望望白眉儿，悻悻地退回豺群。

本来嘛，处理这类事情属于豺王的职权范围。

按照埃蒂斯红豺群的传统习惯，对前来投奔的流浪豺，毫无例外都采取这样的方针：假如是具有生育能力的没有累赘的年轻母豺，照收不误；凡是公豺，一概拒之门外。用人的眼光看，这传统习惯很不地道。但从豺的立场看，却是合情合理的。接纳母豺，可以繁荣种群，对群体有益；接纳公豺，不仅增加了食物的压力，还势必会混淆血统，平添争偶纠纷，造成豺群混乱，有百弊而无一利。自然界凶猛的食肉兽往往都有以邻为壑的陋习，都有强烈的排外意识，豺也不例外。

排斥流浪的公豺，是一条不可动摇的原则。即使是豺王，也无权更改这条原则。

蓝尾尖就站在白眉儿身边，它想，白眉儿一定是不忍心将这小可怜咬成残废，想换一种较温和的办法把小家伙赶走了事。

它很快发现自己判断错了。白眉儿朝前跨了几步，站在银背小公豺的面前，既不龇牙咧嘴地恫吓，也不恶声恶气地驱赶；白眉儿端详着小家伙，眼光里有一种迷惘和慈祥，似乎思绪飘得很远很远……

蓝尾尖不知从哪里得来的灵感，一下看透了白眉儿隐秘的心事。这银背小公豺同白眉儿年幼时的经历太相似了，都是失去双亲和群体庇护的可怜儿，都是想有个温馨的家快想疯了的流浪儿。白眉儿触景生情，联想到自己的昨天，辛酸的昨天永远不能忘怀，于是，便对银背小公豺油然产生了一种怜悯和同情，一种很难磨灭的恻隐之心；这种心理活动绝对会派生出要把小家伙留下来的想法。白眉儿之所以还在犹豫，是怕大公豺们对它的想法投反对票。

很多时候，传统和习惯比王权更有权威性。

夏索尔、察迪和其他几匹大公豺大概也看出了什么蹊跷，在豺群里窜来钻去，呦欧，呦欧，彼此低嚣着，联络着。瞧这阵势，倘若白眉儿果真不顾传统习惯收留下银背小公豺，怕会闹出点什么乱子来的。

白眉儿也听到了背后豺群里的嘈杂与喧闹，它像从梦幻中醒来，茫然四顾，烦躁地踢蹬着脚下的泥土。

假如能帮白眉儿解脱困境，蓝尾尖想，白眉儿肯定会对它萌生感激之情的；它投之以桃，它就会报之以李。更重要的是，它蓝尾尖出面救下了银背小公豺，在白眉儿的感觉世界里，等于是救了白眉儿苦难的昨天，这样，就不愁白眉儿不稀里糊涂掉进情网。

蓝尾尖是那种敢想敢做的母豺，立刻发出一声惊喜的长嚣，踏着碎步跑到银背小公豺的跟前，两只前爪搂住对方细弱的脖颈，表现出久别重逢的亲昵。呦欧呦欧，母亲终于找到了失散的儿子。它还将一泡尿淋在小家伙的身上，盖上一层埃蒂斯红豺群特殊的气味。蓝尾尖是个天才演员，再假的戏也演得相当逼真，倒是那个交了华盖运的傻小子，不明白发生了什么事，拼命想从蓝尾尖的怀里挣扎出去。

别动！露出破绽你就会被愤慨的大公豺们咬成碎片的。

蓝尾尖瞧见白眉儿英俊的脸上先是掠过一道诧疑，后又唇吻向上翘起——露出豺所特有的欣慰的表情。

好几匹大公豺呦呦叫着，对眼前这幕漏洞百出的假戏喝倒彩。

在豺群里发生了有争议的事，豺王就要出面仲裁。

白眉儿走上前来，围着蓝尾尖和银背小公豺绕了三匝，煞有介事地东闻闻西嗅嗅，然后轻轻嚣叫三声，转身离去。

检验合格，同意接纳。

蓝尾尖闪电般地拥着银背小公豺离开苜蓿地，钻进它栖身的岩缝，让那些大公豺目瞪口呆去吧。

银背小公豺成了埃蒂斯红豺群的一员。小家伙很乖巧，把蓝尾尖认作干娘，黏在蓝尾尖的身边半步也舍不得离开。

从心里说，蓝尾尖并不喜欢银背小公豺。它自己又不是不会生育，要领个义子来过过做母亲的干瘾。豺天生也没那份同情心。但它知道，银背小公豺可以成为它与白眉儿结为终身伴侣的鹊桥。因此，只要是在白眉儿的视线内，它尽量表现出母性的温柔。它将食物塞到银背小公豺的口中，它细心地舔去粘在小家伙皮毛上的树脂和果浆，它耐心地教小家伙捕捉老鼠的技能。很快，它的努力就初见成效，白眉儿的眼光在它身上逗留的时间越来越长。有时，白眉儿干脆待在它和银背小公豺身旁，共同进食，共同游戏。

乍看上去，很像一个完整的豺家庭。

对蓝尾尖来说，感情投资是有实际目的的。它必须在豺群发情期以内使得白眉儿在灵与肉两方面都成为自己的伴侣。

情网已经织好，已经撒开，已经罩住了鱼儿，该伺机收网了。

那天，天气特别晴朗，艳阳高照，东风送暖。黄昏时分，太阳坐在山顶，月牙儿挂在树梢，草叶上还有太阳的余温，湿润的空气里有一股蔓陀铃淡雅的香味，紫色的暮霭轻柔地慵懒地悄悄地在树林里弥散开，天朦胧地朦胧山朦胧水朦胧树朦胧月朦胧鸟朦胧。按体内生物钟的规律，豺群的发情期已接近尾声，这也许是今年最后一个美妙的春情之夜了。

尾声往往是戏剧的高潮。

蓝尾尖就等着演这幕压轴戏呢。

银背小公豺和同龄伙伴到小河边玩耍去了，蓝尾尖来到白眉儿身边，舔白眉儿脊背上有些凌乱的豺毛。过了一会儿，它又让白眉儿替它清理粘在身上的草屑树叶。

有毛的兽类都爱互相整饰皮毛，这是动物最常见的交际活动，类似人类的交谊舞会和闲聊式的聚会。

所不同的是，蓝尾尖在替白眉儿梳理豺毛时，有意无意将温热的脖颈在白眉儿强壮的颈窝间来回摩挲，把浓浓的情意甜蜜的爱意连同温馨的夜一起灌进对方的心田。

这是一种让豺痴迷的爱抚。

蓝尾尖看见，白眉儿眼睛越来越亮，喘息声也越来越重，脸上一派醉态。它是过来豺了，它晓得白眉儿的心已激动得在微微颤抖了。

来吧，莫辜负了良辰美景；来吧，莫辜负了青春好年华。

来吧，被太阳晒热的草窝是豺的理想婚床；来吧，用我们太阳般的激情孕育比太阳更鲜嫩更有灵性的新生命！

白眉儿突然扭头朝身后的日曲卡雪山西端野猪岭方向望去，霎时间，痴迷的眼神恢复了宁静，热情洋溢地替它梳理皮毛的动作也停止了。

蓝尾尖知道，白眉儿又在想念兔嘴了。

这真是多余的思念，大煞风景的思念。

幸亏蓝尾尖早有思想准备，知道该怎样去化解白眉儿那缅怀兔嘴的情结。

呦呦，蓝尾尖压低了嗓子，学着兔嘴的腔调轻轻叫唤；它本来模仿能力就很强，又暗中演练过几次，不说是惟妙惟肖吧，也几乎达到了乱真的地步。

白眉儿吃惊地扭过头来，一副梦幻般的表情。

突然，蓝尾尖全身耸动，背脊和脖颈上的毛被弄得皱巴巴，一条后腿也瘸了，在草地上一拐一拐地走，更绝的是，双眼翻白，不辨东南西北，胡走乱钻，像匹瞎眼豺，活脱脱是兔嘴再生了。

并非人类才有演员，野生动物中在特定情景下也需要演戏，当然也就有客串演员。以豺为例，带着幼豺的母豺难免会遇到老虎、豹子、狗熊这样的猛兽闯到豺窝附近，企图捕食幼豺，每每这种时候，母豺便会瘸起一条腿，装着受了伤的样子，一拐一拐慢吞吞地逃，把那些猛兽的注意力吸引到自己身上来，等到把危险引向远离豺窝的地方后，母豺就撒开四腿飞也似的逃得无影无踪了。

对蓝尾尖来说，变成跛子，变成瞎子，不过是把一种生存手段活学活用到求爱程序上来而已。

蓝尾尖一面演着戏，一面偷偷观察白眉儿的反应。

白眉儿眼神有点虚幻有点缥缈，似乎进入了半催眠状，悠悠长嚣一声，摇摇晃晃朝它奔了过来……

潺潺的流水唱着一支柔曼的小夜曲。

蓝尾尖终于如愿以偿了。它很快发现，白眉儿比它想象的更有情有义得多。自打那个缠绵如梦的春夜后，白眉儿与它形影不离，再亲密就合二为一了。凡猎到食物，好吃的部位总是留给它蓝尾尖享用。再年轻再美丽再风骚的母豺再招摇献媚，白眉儿也不会去多看一眼。

夏末秋初时，蓝尾尖产下一对豺崽。刚刚断奶，时令就进入深秋，老天爷纷纷扬扬下起小雪，食物骤减，豺群一连两天没捕获到猎物，蓝尾尖和一对小宝贝饿得肚子咕咕直叫。

这天夜里，白眉儿踏着昏暗的星光走出石缝，黎明时叼回一只豹崽来。那只豹崽还没死绝，用细弱的嗓子呜呜呻吟着。白眉儿肩胛上有好几道被豹爪抓伤的血痕，一看就知道经历了一场残酷的搏杀。孤身只影闯进豹窝，在异常凶猛的母豹鼻眼底下抢夺豹崽，无疑是一场用生命做赌注的赌博，其九死一生的惊险程度可想而知。要是没有那种爱妻子儿女胜过爱自己性命的品格，是决不肯去冒这个险的。

不仅仅白眉儿的忠诚令蓝尾尖感动，那一公一母两只豺崽也让蓝尾尖陶醉。那只母的前额有一块浅黄色的圆斑，就取名黄圆；那只公的尾尖有三节黑环，就取名叫黑圈。黄圆和黑圈一生出来就比别的豺崽壮实；十几天后，金黄的毛色熠熠闪亮，就像裹在晨雾里的太阳；两个月后，兄妹俩便会联手捉山耗子了。有一次，白眉儿率领豺群外出猎食，蓝尾尖蹲在石缝口正迷迷糊糊打盹，两个小家伙溜出窝去玩耍，一只果子狸悄悄逼近来，想捡便宜，两个小家伙毫不畏惧地咿咿呀呀怪叫，吓得果子狸不敢靠近。小小年纪就这般了不得，完全可以想象，长大后一定是不同凡响的一代豺杰。

膝下有强壮可爱的宝贝，身边有忠诚伟岸的丈夫，对一匹母豺来说，幸福已达到了顶点，但愿这样的日子能永远持续下去。

第九章　艰难的抉择

刮的是西南风，豺群隐蔽在埃蒂斯山谷原始老林子深处一座被岁月和风霜剥蚀成蜂窝状因此取名叫骷髅岩的四周，恰巧处于下风口，猎狗的鼻子再尖，也闻不到豺的气味的。

一位猎人带着一条大花狗慢吞吞地从正前方那条被野兽踩踏出来的羊肠小径横穿过去。

豺群悄无声息地钻在岩角下和草丛里，连平时叽叽喳喳十分淘气的幼豺也从父豺母豺惊骇恐惧的眼神中领会到事情的严重性，一反淘气的常态，凝神屏息蜷缩在角落里不敢动弹。

豺们耐心地等待着危险能像阵风似的刮过去。

骷髅岩是埃蒂斯红豺群的大本营，俗话说兔子不吃窝边草，豺也有类似的行为准则，不到万不得已，尽量避免在自己的大本营附近发生杀戮流血事件，在自己的窝边保持一块净土，保持一种平静祥和的氛围。

当然，对豺来说，面对猎人和猎狗，还不是单单不愿在窝边产生纠纷的问题，更重要的是不能暴露大本营的位置。

埃蒂斯红豺群历史上曾发生过大本营暴露在猎枪下的悲剧。过去豺群居住在一个名叫巨蜥滩的山洼里，住了很多代。突然有一天，一位满头白发的老猎人带着一条黑狗巡视山林走进巨蜥滩。老猎人葬身豺腹，猎狗却逃之夭夭。从此，巨蜥滩就不得安宁，三天两头有猎人来光顾，逼得豺群只好弃家出走，另觅营地。

日曲卡山麓虽然山高水长幅员辽阔，但真要寻觅到人的足迹无法到达又依山傍水适合豺群居住的地方，并不是一件容易的事。

大花狗开路，猎人殿后，人和狗的表情都很轻松，看来，他们什么也没发现，不过是偶然路过这里的。或许，这位肩扛猎枪的猎人钻透十里灌木丛来到骷髅岩来是想碰碰运气，没见到有价值的猎物，便打算往回走了。

只要再坚持一会儿，人和狗就会钻进树林，从豺群的视界内消失；既然豺看不见他们了，他们当然就更看不见豺了，两厢平安，偶尔发生的危机就算过去了。

前任豺王夏索尔紧张得悬吊到嗓子眼的心放下了一半。它扭转脖颈，朝卧在离自己不远的白眉儿瞄了一眼，心想，白眉儿惊骇的眼光大概也要缓和一些了吧。它不看不知道，一看吓一跳，世界不太妙。白眉儿那双细长的眼睛里根本就没有什么惊骇，平静得就像一潭秋水，不，这样形容不确切，应该说那眼光很柔和，很微妙，很清澈，很稔熟，似乎还有一种朋友相见的亲切与兴奋。这极不正常。豺见到猎狗就像见到毒蛇一样，眼光应该憎恶；豺见到猎人就像见到豹子一样，眼光应该惊慌。豺打心眼里讨厌猎人和猎狗，眼睛是心灵的门窗，眼光应该有所反映的。白眉儿尽管骁勇强悍，但再厉害的豺王也不是神仙阿伯，连猎人猎狗都不放在眼里。白眉儿的反常眼光只有一种解释，就是前面正在行走的猎人或猎狗与它曾经有过一段亲密的接触。

想到这里，夏索尔忍不住打了个寒噤，一直埋在心底的怀疑和担心又浮上心头：那条眉眼间有块白斑毛色偏黄身体出奇地大抢夺了它豺王宝座的家伙，难道真是混进豺群来的狗?！它又用心盯着白眉儿看，喏，这家伙的视线在跟随着猎人的身影缓慢移动，栗色瞳仁里丝毫没有警觉与监视的意味，刚好相反，有一种惜别与相送，很标准的注目礼。

夏索尔越看越觉得自己的怀疑有道理。

猎人和猎狗快走到树林边缘了，假如没有意外，很快就会消失得无影无踪了。夏索尔突然烦躁得像豺毛上溅落了火星，产生一种按捺不住的冲动；它不清楚自己想干什么，但它明白自己必须要干点什么。

自打退下王位后，夏索尔的心态一直不平衡；被废黜的豺王心态是永远不会平衡的。地位角逐是只能上不能下的，能上能下是个神话。每当它看见白眉儿站立在地势较高的位置统麾豺群，每当它看着豺们像众星拱月般围着白眉儿转，每当猎到食物时其他豺都咽着口水肃立四周等待白眉儿来品尝第一口时，它的嗓子眼就冒起一股又苦又涩又酸的水。特别让它无法忍受的是蓝尾尖的感情跳槽。它并不认为自己有什么对不住蓝尾尖的地方，它觉得自己在蓝尾尖哺乳期又去找农农是挺正常的一件事；它那时是豺王，有地位有权势，再找匹母豺并不算奢侈。它觉得是因为自己被从豺王宝座撵了下来，蓝尾尖的态度才一百八十度大拐弯的。它对失去蓝尾尖并没多少感情上的痛苦，它虽然失去了王位，并没沦为最低等的苦豺，而是仅次于豺王的最优秀的大公豺，不愁找不到新的伴侣，事实上它在失去蓝尾尖的第二天就跟一匹名叫贝贝的小母豺进行交配了。但这并不能冲淡它对白眉儿的憎恨，有一百个新配偶也无法使它忘怀夺妻之仇。

即使撇开感情因素不谈，它也不喜欢白眉儿。白眉儿执政近一年来，某些行为完全背离了传统的豺道，让它夏索尔放心不下。

比如进食，过去豺群凡猎到羚羊，糯滑的羊脏都归豺王享用。一头羚羊只有一副内脏，一个豺群只有一个豺王，羊脏归豺王那是天经地义的事。豺王吃不完就论资排辈由优秀大公豺分享。啄食次序就是阶级次序，只有这样才能显出地位的尊卑贵贱，才能拉开差距，才能激励上进，才符合生存竞争的原则。可白眉儿上台后，却无视这条埃蒂斯红豺群在千百年严酷的丛林里用鲜血铸就的生存法规，猎到羚羊，撕开胸膛后，羊心羊肝羊肺羊肠羊肚羊脑，任由那些带崽的母豺哄抢，上等的羊腿也归那些无用的老豺们，而群体的中流砥柱——那些卓越的大公豺，反倒只能啃食较次的胸肋和羊头羊皮。传统的啄食次序被颠倒了，这岂不等于在鼓励身强力壮的大公豺快快变成无用的老豺？

苦豺制度虽然没明确宣布作废，也是形同虚设，久不运用了。苦豺制度是埃蒂斯红豺群赖以保持活力的有效制度，符合汰劣留良的原则。当然，苦豺制度血腥味很浓，是残酷了一些，但生活本身就是暴虐无情的。回想在野猪岭的石钟乳溶洞里，白眉儿竟然要代替残废的兔嘴去死，它夏索尔当时心里就冒出这样一个判断：这不是豺！起码不是历史清白血统纯正的豺！豺不可能这样感情用事。这种歪腻的情感只有人类的火塘边才会滋生。这样说并不是指豺缺乏爱的细胞，豺群里也时有牺牲自己拯救别豺的行为发生，但一般都是父豺或母豺为了幼豺去赴汤蹈火，地位低的豺为了地位高的豺去铤而走险，极少有反过来的例子。对豺而言，生存利益高于感情，感情服从于生存需要。假如豺们都像白眉儿那样为了一匹被生活淘汰的残废豺甘心情愿牺牲自己，汰良留劣，埃蒂斯红豺群很快会萎缩疲软退化失去活力，最后被大自然这头怪兽一口吞噬掉。每匹豺都懂得这个浅显的道理，偏偏身为豺王的白眉儿不懂，怪，这实在是怪。

兔嘴撞死在石钟乳溶洞距今已快一年了，豺群再也没使用过苦豺。并非老天慈悲，这一年来豺群处处顺利不再需要苦豺，而是白眉儿故意回避使用苦豺。

就在前不久，日曲卡山麓下了第一场秋雪后，豺群为越冬作准备，沿着怒江往下游走，下到太阳湾去猎食蟒蛇。怒江峡谷落差极大，上游是雪山，往下游没多少路就是亚热带雨林，立体气候，四季并存，堪称世界一绝。太阳湾潮湿温热，生活着太阳鸟、金丝猴、蟒蛇等诸如此类的热带动物。

很幸运，豺群一走进太阳湾，就看见一条身上绕着一圈圈褐色环斑的金蟒蛇盘踞在两棵并排生长的金合欢树腰上，吐着火红的信子，一副困兽犹斗的模样。

蟒蛇有两个迎敌的绝招：一是张开巨口把对方囫囵吞进肚去，别看它的脖子只有小树般粗，却可毫不费劲地把一匹大公豺咽下去；二是用六七米长的蛇身把对方缠住，活活勒死。

埃蒂斯红豺群一般不到太阳湾来，路难走不说，亚热带气候容易传染瘟疫也不说，那蟒蛇极不好惹，比对付豹子更吃力，很难不付出代价就把一条蟒蛇撕成碎块；虽说豺凭着灵活的四肢可以躲开蟒蛇的正面噬咬，却不可能不被长长的蛇身缠住。

过去豺群极偶然的情况下也来过太阳湾猎食过蟒蛇，通常都是一匹豺被勒住，众豺扑上去撕扯。而蟒蛇有股犟脾气，面对众多对手，它勒住其中一个再也不会松开。每吃一条大蟒蛇，就要有一匹豺被勒断脖子勒断筋骨勒成肉棍，这似乎已成了一种惯例。在这种情况下，使用苦豺是最明智的做法。总免不了要有牺牲，那就让劣等豺去牺牲好了。

可白眉儿根本无视这个现实，一见到蟒蛇，不容豺群有时间想到苦豺问题，就嚣叫着率先冲上去在蟒蛇尾尖上咬了一口；蟒蛇从金合欢树上跌下地来，将身体甩得像连环套。白眉儿确实机灵，利用两级前扑的绝招成功地避开了蟒蛇的缠绕，又瞅着机会咬了几口蛇尾。既然豺王免用苦豺，又带头扑了上去，大公豺们当然只好舍命奉陪，拥上去同蟒蛇展开了一场混战。

并不是所有的大公豺都那么机灵那么幸运能躲开蟒蛇令豺眼花缭乱的连环套式攻击，很快，不可避免的悲剧发生了，一匹名叫龙蚤的大公豺被蟒蛇紧紧缠住。那该死的蟒蛇直到蛇头被豺群咬烂，仍不放松。所有的豺都看得清清楚楚，龙蚤被绞在蛇长长的身体中间，豺头竭力伸向天空，嘴张得老大，双眼似乎要从眼眶里滚出来。突然，龙蚤黑咕隆咚的口腔深处爆出一坨血花，射出好几尺远，落在一片雪白的羊蹄甲花上。龙蚤死了，它只有四岁，正处于豺的黄金年龄段。本来，可以让十岁龄以上的老豺代替龙蚤去死的；把青春和衰老放在天平上，难道青春的分量不是更重些吗？可白眉儿却固执地拒绝使用苦豺制度！

夏索尔不能不怀疑，身为豺王的白眉儿到底有多少豺味？

更有甚者，白眉儿还无视埃蒂斯红豺群祖宗留下的规矩，接纳不知从哪个山旮旯里跑来的银背小公豺！尽管蓝尾尖演了一场母子重逢的喜剧，但瞒得过别的豺，却瞒不过它夏索尔的眼睛，绝对是一幕遮豺耳目的假戏。

虽然到目前为止还没有确凿的证据证明白眉儿不是真正的豺，但从白眉儿一系列非豺化的做法里，夏索尔有一种强烈的感觉，高居在埃蒂斯红豺群王位上的白眉儿骨髓里浸透了异化和叛逆，血管里流的并不是纯正的豺血！任其胡闹下去，若干年后，豺将不豺，蜕化成狗了。让夏索尔感到揪心难过的是，整个豺群除了它之外，竟然没有其他豺对白眉儿出格的诸多做法表示过怀疑和非议。特别是那些目光短浅的母豺、幼豺和老豺，反而用欣赏的眼光接受了白眉儿这些离经叛道的做法。既得利益者总是拥护新政策的，没办法。就是那些利益受到伤害的大公豺，也都浑浑噩噩，听之任之。夏索尔有一种孤掌难鸣回天乏术的感慨。唉，假如豺群有档案可查，可以内查外调什么的就好了，白眉儿究竟是什么出身何种血统过去干没干过让豺恶心的勾当就能马上水落石出。可惜，豺没有这套行之有效的档案制度，历史永远是笔糊涂账。

只有一个办法，就是寻找机会让白眉儿当众暴露出非豺的本性来。这非豺的本性极有可能就是狗性。白眉儿真要暴露出狗性，绝对会被愤怒的豺群撕成碎片，这一点夏索尔相当有把握。别看现在匹匹豺都把白眉儿尊崇为救星，那是受欺骗受蒙蔽的结果，一旦拨开迷雾，发现自己所尊崇的豺王原来是披着豺皮的狗，便会发酵出十倍的憎恶。夏索尔相信豺们这点起码的觉悟还是有的：与狗性不共戴天。

猎人和猎狗还差几步就要进树林了。它不能再犹豫了，无毒不丈夫，豺也有这种观念。它要迫使白眉儿率领豺群和猎人进行正面交锋。倘若白眉儿果真像它怀疑的那样是狗种，在这场与猎人的生死搏斗中一定会暴露无遗的。它迅速环视四周，很好，谁也没有注意自己。它和察迪并排卧在一起，它假意伸了个懒腰，似乎身底下的岩石太滑，身体将要倾倒，两只前爪在空中划动着，突然在察迪的腰间搡了一把。

察迪卧伏的位置本来就有点险，在一块大岩石的边缘，前面是几丛衰草，冷不防被搡了一下，身不由己地向前滑了半步，滑出了岩石边缘。沙啦沙啦，衰草连同泥屑石块像道小瀑布泻下陡坎，在静谧的山野里，这声音传得很远很远。更糟糕的是，察迪本来是用前爪钩住一丛衰草的，衰草滑下去，它保持不住平衡，身体也像坐电梯似的往陡坎下滑，陡坎有两米多高，察迪下意识地尖嚣了一声："呦欭——"

即使猎人和猎狗的耳朵都有点背，是半聋子，距离那么近，也听到这声响亮的豺嚣了。

霎时间，正跨进树林的猎人一个急转身，"哗啦"一声拉动枪栓，长长的枪管上镶着五道黄灿灿铜箍的火药枪直指豺群隐伏的方向，猎狗发疯般地吠叫起来。

宁静的山林刮起一股腥风血雨。

白眉儿没料到会平地起波澜。现在，再想同前面的人和狗和平共处是不可能的了。它只觉得四爪麻木，脑子一片空白，不知道自己该怎么办才好。

假如能不考虑任何微妙的感情因素，身为豺王，在眼前这样关系到整个豺群生死存亡的危急关头，应当毫不犹豫地跳出来长嚣一声，旋风般地朝猎人和猎狗猛扑上去。

一般来说，豺总是尽量避免和两足行走的人发生冲突；豺不是饿得肚皮贴到脊梁骨，是不会跑到山寨村庄去猎食家猪家羊家鸡家鸭的。要是在狩猎途中不期然与猎人相遇，豺也会明智地采取逃之夭夭的战术。人虽然也惧怕豺，豺狼虎豹把豺列为首恶，视作狡诈和残暴的代名词，但比较起来，豺更怕人。人有狗做帮手，还握有能闪电喷火的猎枪，是真正的百兽之王。但此时此刻的情景，却不允许白眉儿逃跑。骷髅岩是埃蒂斯红豺群的家，无论如何，这个家应当对人类保密。再说，秋天正是母豺下崽和哺乳的日子，最大的幼豺刚刚满两个月，最小的还没断奶；一窝最多的有五只，最少的也有两只。这些新生的幼豺无法跟着群体一起逃进密林。母豺一次只能叼一只幼豺逃命，也就是说，只能拯救一窝新生豺中的其中一只；母豺叼着幼豺，严重影响奔跑速度，很难逃脱猎狗的追踪。更恼火的是，骷髅岩这个对豺来说十分理想的巢穴从此就不能再用了，必须另换地方。

鉴于这诸多原因，豺群在生殖期和育幼期凡碰到找上门来的猎人和猎狗，只有进行殊死的决斗。通常的做法是，一旦隐伏的豺群被人和狗发现，在极短的刹那间豺王就扑蹿出去，在猎狗还懵懵懂懂，猎人手中的猎枪还没来得及发挥作用前咬他们个措手不及。

然而，白眉儿却迟迟没有作为。

那位猎人就是白眉儿昔日的主人阿蛮星。

白眉儿在阿蛮星刚刚从骷髅岩前那条羊肠小径出现时，就一眼认出来了。它和阿蛮星共同生活了两年，阿蛮星的身影和气味已深深烙印在它脑子里；阿蛮星救过它，也冤枉过它，它永远也忘不了的。当它看到在羊肠小径上行走的是阔别已久的阿蛮星时，不知为什么，那恨的情绪根本提不起来，心里倒滋生起一股柔情，好像胸窝下有一只火塘，豺心被温暖的火苗烤成了狗心。它当然不会傻乎乎跑出去同阿蛮星来一番久别重逢后的亲热，但它的眼神很自然地流露出脉脉温情来。

这眼神不幸让夏索尔看见了，害了它也害了豺群。

就在白眉儿被察迪暴露目标的嚣叫声惊得发呆的时候，夏索尔倏地跃上岩石顶，脖颈一扬就要发出扑咬的嚣叫。夏索尔的用意很明显，在白眉儿萎蔫时自己正好可以表现果断勇猛的作风，说不定就是一个地位沉浮的契机，把失却的王位重新争回来。

随着夏索尔的动作，几乎所有的大公豺都从隐伏的位置直立起来，都眼睛充血，磨动着爪牙准备厮杀。

就等着一声号角般的长嚣了。

白眉儿望见了夏索尔登高的动作，立刻条件反射般地意识到假如自己再无动于衷，就会被豺群视为在关键时刻自动放弃领导权，陷入十分被动的境地；它来不及多思索，就直起喉咙狂嚣一声；太险了，只比夏索尔抢先了零点几秒。

立刻，绿色的树林和灰白的石崖间，跃动起一块块红色，像火焰，像蛇信子，也像穿红袄的山妖，从四面八方从各个隐秘的角落向猎人和猎狗逼近。

“轰”，阿蛮星手中的猎枪炸响了，骷髅岩一个角隅传来一声豺垂死的哀嚣。

白眉儿心陡地紧了一下，昔日的主人犯了一个无法补救的错误，他一定以为遇到了零星的流浪豺，或者以为是与豺群的一次偶然遭遇，贸然开了枪；他不晓得他面对的是一群背后骷髅形的岩缝和石洞里藏着幼豺的公豺和母豺；为了小家伙的安全，豺们是不惜流血牺牲拼命到底的。

果然，死亡不仅没能吓退豺群，反而更刺激了豺们噬血的野性冲动。好几匹大公豺和两三匹母豺不再隐匿在草丛岩角绕 S 形的圈子，改为直线朝人和狗扑击。

白眉儿看见，阿蛮星靠在一棵冷杉树上，手忙脚乱地解下腰间的火药葫芦往枪管里倒火药。日曲卡山麓的猎人用的都是那种开一枪就要重新装填一次火药铅巴的老式猎枪，不能连射。

夏索尔和察迪富有丛林生活的经验，抓住装子弹的间歇，像两支离弦的箭，向阿蛮星猛扑上去，显然，它们是想抢在猎枪能第二次击响前把阿蛮星扑倒。

阿蛮星身边那条大花狗吠叫着迎上来，拦住夏索尔和察迪。大花狗虽然英勇顽强，但毕竟一张嘴咬不过两张嘴，四只爪撕不过八只爪，才斗了两小个回合，便招架不住，拖着血淋淋的身体哀叫着落荒而逃。

白眉儿不认识这条大花狗，也许是阿蛮星在它出逃后重新买来的一条猎狗吧。唉，扑咬的技艺实在很难恭维，胆量也太差劲了。

夏索尔和察迪成钳形向大花狗合围上去。在这种情况下，豺群是绝对不会让猎狗活着逃出骷髅岩的。猎狗识路，逃出去后很快就会领来大队的猎人和成群的狗对豺群进行报复的。

夏索尔和察迪很快追上大花狗，骷髅岩展开了一场残酷的屠杀。

白眉儿在夏索尔和察迪对付大花狗的时候，从侧面绕向阿蛮星。它小跑着，不露声色地放慢自己的脚步。它无法做到像匹真正的豺那样刻毒地巴望冷杉树下的阿蛮星被咬断喉咙。它希望昔日的主人能看清眼前这险恶的形势，趁大公豺们的注意力集中在大花狗身上的机会，赶紧钻进茂密的树林逃遁。

但阿蛮星并没退却，他很快往枪管里装填完火药铅巴，抬起枪管向立在一块深褐色骷髅岩上的一匹豺瞄准。白眉儿顺着枪管朝前瞥了一眼，不由得大吃一惊，深褐色的骷髅岩上站立着的竟是蓝尾尖！

蓝尾尖听到枪声和狗吠豺嚣声，从栖身的石缝里钻出来瞧热闹。

阿蛮星眯起一只眼，将准星、缺口和蓝尾尖的脑袋三点连成一条线，这是一条死亡的黑线。

白眉儿这时已靠近阿蛮星，嗖的一声对准他的手臂扑撞过去。那支黄灿灿的猎枪凌空飞了起来，像一只长尾巴犀鸟，在空中画了道弧线，哐啷一声掉入草丛。

猎人失去了猎枪，就等于豺被拔掉了牙齿。

白眉儿完全可以接着再做个漂亮的空中噬喉的动作，一劳永逸地结束眼前这场人豺纠纷，可它没这样做。它在空中偏了偏臀部，好像身体被风吹歪了掌握不好平衡，重重地跌落在地上，打了个滚，滚进一块岩石底下。

它不忍心伤害昔日的主人，也不想让困境中的阿蛮星认出自己来。

博里、贾里和另外几条母豺瞪着血红的眼睛朝阿蛮星围拢过来。

"花龙，花龙，快来啊！"阿蛮星对大花狗发出呼叫。

大花狗倒在血泊中，狗尾巴被咬掉了，颈窝被咬开一个血糊糊的窟窿，已无力吠叫，两只狗眼遥望着危急中的主人，嘴腔扑哧扑哧吐着血沫。

阿蛮星拔出随身佩带的长刀胡乱劈砍着，往密林深处退却，但已经晚了，十几匹豺前后左右盯上了他。他顾得了前，顾不得后，一会儿肩膀被撕破，一会儿屁股被咬出血。他大概也明白自己已陷入绝境，逃是逃不掉了，硬拼也拼不过越围越多的豺，无奈之下，他做了个往前冲刺的假动作，劈伤冲在最前面的博里，待豺群稍稍后退时，他把刀衔在嘴里，双手抱住冷杉树干，像只猿猴似的爬上树去。

豺不会爬树，围在树下干瞪眼。

阿蛮星骑在一根横杈上，惊魂甫定地大口喘着气。

一天一夜过去了，豺群仍紧紧围住冷杉树不肯撤离。每匹豺心里都很明白，要保住埃迪斯红豺群骷髅岩大本营的秘密，唯一的办法，就是死守住这棵孤零零的冷杉树，不放那个躲在树杈上的猎人生还。

白眉儿虽身为豺王，也不能违背全体豺民的意志喝令豺群从那棵冷杉树下撤走。

这真是一场静悄悄的生与死的对峙。

阿蛮星在树上不时手搭凉篷向远处眺望，扯起喉咙发出呼叫。可惜，只有山谷对面的一只雪豹偶尔回应一声嘲弄般的长啸。第二天后半夜，他大概是累极了，竟坐在树杈上抱着树干打起瞌睡。不知是瞌睡太沉还是树干太滑溜，他身体一仄，突然歪倒。咔嚓，坐着的那根树杈一下被他扳断了。树底下的豺们本来都是卧伏着的，听到动静，齐刷刷站了起来，各个都恣张开绒毛，迅速摆好了蜂拥而上进行无情撕咬的架势。阿蛮星在坠落的一瞬间大概惊醒了，两手乱抓，算他幸运，抓住了树冠最下层一根横枝，身体像荡秋千似的吊在半空。不知是由于惊吓过度还是残梦未消，他就这样傻呆呆地吊着不动。

他的一双脚离地面约有两米半高。

夏索尔、察迪还有好几匹大公豺像接力跳高似的，一匹接一匹奔到冷杉树下往上蹿跳，企图将阿蛮星拽下树来。不管是起跳的豺还是站着瞧的豺都闷声不响，只有爪子踏地和凌空跳跃的轻微声音。

真是不幸中的大幸，两米二、三左右是豺的蹿高极限。阿蛮星吊的高度刚好在两米五，蹿跳能力最强的夏索尔恰好够不着，还差几厘米豺舌才舔得着阿蛮星的脚底板。

空中传来大公豺们牙齿咬空的咔咔声。

阿蛮星觉察到树下有动静，低头一看，吓得魂飞魄散，双脚使劲踢蹬，腰扭得像临近冬蜇的水蛇，想重新攀上树冠。但他体力已十分虚弱，且加上心慌意乱，怎么努力也还吊在半空。

白眉儿正在傻看，冷不防被夏索尔撞了一下。它将视线从冷杉树上收了回来，不由得心里一阵紧张。夏索尔高深莫测的眼光不断地在它和冷杉树上吊着的阿蛮星之间打来回。其他豺也都期待地望着它。蓝尾尖走到它面前，用脖颈推它的腰，脸上一派殷切期望的表情，很明显，是催它上阵。它当然懂，豺们把从树上将阿蛮星拽下来的希望寄托在它身上了。

说真的，整个埃蒂斯红豺群只有它白眉儿有把握把阿蛮星拽下树来。它的蹿高极限大约是两米五，刚好够得着阿蛮星的脚脖子。可是，它能将昔日的主人送进豺嘴吗？不错，它是豺王，它理应站在豺的立场来审时度势，为豺的利益而奋勇出击；可它的眼光一触及阿蛮星，鼻子里一闻到昔日主人的气味，豺王的胆魄和力量就烟消云散。它曾当过阿蛮星的爱犬，往昔的经历犹如树的年轮，是无法抹得掉的。它做不到“人”一走茶就凉，翻脸不认人。它想采取听天由命的态度，假如阿蛮星在冷杉树上坚持不下去掉下来了，它就趁混乱躲远一点，它不会参与这场兽对人的屠杀，尽管它的肚子饿得慌，它也不愿去品尝人肉的滋味；但它也不会在众目睽睽下去阻止豺们对阿蛮星的撕咬，事实上它就是舍得一身剐，也无力将昔日的主人从豺爪豺牙下拯救出来的。

阿蛮星因瞌睡险些掉了下来但又没掉下来，不上不下地吊在树半腰，打乱了白眉儿的既定方针。豺们在等着它表现豺王的威风呢。豺们曾在怒江的浅水湾亲眼目睹它蹿跳得比狼酋更高，它是无法抵赖自己能蹿跳到两米五高度这个事实的。唉，它要是早知道会发生这样令它进退维谷的事，它或许会事前假装在滑溜溜的岩石上扭伤了腿，走路一拐一拐，这样就可以免去向昔日的主人扑咬。现在临时装着跛脚的样子怕是连最笨的豺也要怀疑它豺皮下跳动的是一颗什么颜色的心了。它知道除了个别豺心怀叵测外，绝大部分豺都用企盼信赖想一睹豺王风采想尽早结束豺与人的对峙这样善意的眼光在望着它。它除非想糟蹋自己的身份，是不能不在这样一个关键时刻去尽豺王的职责的。

换了匹纯粹的豺，不用其他豺来请，早就急不可耐地发挥自己的蹿高技艺将豺的公敌——猎人从冷杉树上拽下来了，一展豺王的威势。

完全可以想象，当它的利齿在半空中准确地咬住阿蛮星的脚后跟，会是一种什么样的情景；它的身体重量再加上猛地往下的那股坠力再加上豺牙嵌进皮肉的钻心般的疼痛，阿蛮星即使再长出一只手来也无法抓得住树枝了；他会斜斜地无可奈何地跌落地面，夜空将响起一声令豺毛骨悚然的惨叫；两足行走的人的重心本来就不如四爪踏地行走的兽的重心这么稳，头重脚轻往下跌肯定跌得鼻青脸肿，不等他从腰里拔出长刀就会被疯狂的豺用利齿切断喉管。

明摆着的，把阿蛮星拽下树来，就等于把他拽进了地狱。

白眉儿紧张地思忖着，寻找既能掩饰自己又能帮助阿蛮星免遭厄运的双全之策。

真是急中生智，蓦地，它混沌的脑袋瓜里透出一束光亮：玩它个时间差！吊在树枝上的阿蛮星隔几秒钟身体就往上抽动一次，就像练单杠的引体向上动作一样；白眉儿瞅准阿蛮星身体狠命往上抽的瞬间，纵身起跳；它蹿跳得十分认真卖力，动作猛如虎快如风，一看就知道是竭尽了全力丝毫没掺假；它确实也跳到了两米五的高度，但在豺嘴即将咬到人脚的刹那间，那脚刚好向上抽了抽，就差那么一点点而咬了个空；它的唇吻顶在阿蛮星的脚底板上，免费送去了一股升腾的力量；阿蛮星仿佛踩在跳板上，往上一蹿，身体又回到树冠上去了。但在身体往上翻卷的时候，他腰间那把长刀从刀鞘里滑出来，掉在地上。

白眉儿落下地来，发出一声愤怒悔恨的嚣叫，又向树上蹿跳噬咬，当然什么也没咬到；它懊恼地在树下滴溜溜旋转，痛苦得想咬掉自己的尾巴。

豺们起先对它没能得手都露出遗憾的表情，现在见它这副模样，反倒聚过来安慰它；蓝尾尖舔它的体毛，其他豺都紧靠在它身边，表示要分担它的痛苦。

无论再优秀的大公豺，也不可能永远不出一点差错，何况对手又是天地之灵杰的人呢。

不管怎么说，还是有收获的，咬下一把长刀来，彻底解除了猎人的武装。

唯独夏索尔没有一点理解的表示，它远远地蹲在一块岩石上，也斜着豺眼冷冷地望着白眉儿。它打心眼里怀疑白眉儿是否真正有诚意把猎人从树上拽下来。

可惜，没证据来证明它的怀疑。

又过了一天。

第三天夜里，皓月当空，山野大地一片银灰。

连续两三天的躁动不安，很多豺都疲乏得支持不住了。阿蛮星仍高踞在冷杉树上，用腰带把自己拴牢在一根结实的横杈上，豺们无计可施，只有围在树下耐心地等待天上掉下人肉来。

长时间的等待十分枯寂无聊，夜深了，绝大多数豺都钻到离冷杉树不远的骷髅岩或周围的草丛里酣然大睡，只有银背小公豺蹲在树下放哨。

银背小公豺是埃蒂斯红豺群的外来户，这种熬更守夜的苦差事自然就落到它头上。

银背小公豺青春年少，瞌睡自然就大，启明星升起来时，脑袋一沉一浮地渐入梦乡。

月亮沉下去了，山川大地沉浸在残夜的悲凉中，巍峨的日曲卡雪山像道黑色的幕帷遮住了淡淡的晨光，远处有猫头鹰在嚣叫。白眉儿睡不着，不知怎么搞的，一颗心像被一只无形的手捏住，一阵阵发紧，有一种要出事了的恐怖预感。

它卧在离冷杉树约十几米的一丛灌木里，凝神注视着冷杉树上的动静。

突然，它看见树上那个黑影悄然移动了，一寸一寸地从树冠往树下溜。人确实比兽聪明得多，阿蛮星离开树杈后把一件上衣挂在树枝上，冷不丁一看还以为他仍困守在原来的位置上呢。

银背小公豺睡意正浓，整个豺群都蒙在鼓里。

白眉儿将身体往灌木丛深处挪了挪，不动声色。它知道昔日的主人被围困在冷杉树上已经三天，没吃的也没喝的，再也没法坚持下去了；与其被困在树上活活饿死，还不如冒冒险趁黎明前的黑暗逃跑呢。

黑影顺着树干滑落地面，动作轻柔，没发出一点声响。

黑影到了地面，一改人的直立姿势，四肢着地，像只大青猴，身体隐藏在草丛里，一点一点向骷髅岩外的森林爬去，很快，便从豺群的视界内消失了。

逃吧，逃得越快越好，逃得越远越好，白眉儿想，也省得自己在狗性和豺性间矛盾动摇，忍受痛苦的折磨。它是无法既做骁勇的豺王又做忠贞的猎狗的。

偏偏在这个节骨眼儿上，发生了意外。大公豺察迪被尿憋醒了，两条前腿向前伸展脑袋上翘腰肢凹落伸了个颇为典型的犬科动物的懒腰，朝前走了几步，抬起左后腿，哗哗撒出一泡臊味很浓的热尿。尿还没泄尽，它漫不经心地朝树冠瞄了一眼，那件空衣裳衬出的人形黑影还在，但豺眼雪亮雪亮，在黑夜中透视度极好，那空衣裳毕竟和真人有所差别，白眉儿在暗中注意到，察迪似乎看出了蹊跷，尾巴刷的一下竖得笔直，尿线紧急刹住，蓬松的豺毛收缩得异常紧凑，朝树上那件空衣裳凝视了好一阵，似乎有点捉摸不透那黑影的真伪。月亮早沉下去了，启明星在黎明前凛冽颤抖的空气中闪烁不定，能见度太低，豺眼再尖也无法看得十分明了。察迪围着冷杉树绕了几匝，鼻尖贴地作嗅闻状。白眉儿心里又一阵揪紧，阿蛮星刚刚离开，尽管黎明前山雾浓重，但仍依稀能嗅出点异常气味来。果然，察迪闻了几遍后，尖尖的嘴吻朝着启明星张开，脖颈抻直，摆出一副嚣叫报警的模样。

白眉儿心里凉得像落了层霜。只要察迪发出报警的嚣叫，沉睡中的豺霎时间就会苏醒，群策群力，搜寻嗅闻，跟踪追击，很快就会找到还没逃远的阿蛮星的。阿蛮星手无寸铁，精疲力竭，光凭早已退化了的一副白牙和四只虽灵巧却软弱的手脚，是无论如何也逃不脱葬身豺腹的劫难的。

察迪的嘴张开了，却又奇怪地合拢。事后很长一段时间白眉儿都觉得纳闷，为何察迪要把已到了嗓子眼儿的报警的叫声又咽进肚去了。是觉得没把握吃不准那树上的猎人是否真已潜逃，怕冒冒失失报警结果是虚惊一场受到众豺的责备？还是觉得正在潜逃中的猎人孤身一人容易对付，想只身擒敌当一回英雄？这成了千古难解的谜。反正，察迪出于某种动机，竟然欲叫未叫，而是嗅着被浓雾盖得稀薄难辨的气味一路小跑而去。

白眉儿来不及细想，也轻轻站起来，尾随在察迪后面。

转过一道山湾，便看见一个人影在晨岚袅绕的林子里彳亍。阿蛮星显然已身心交瘁，手脚并用，半走半爬，跌跌冲冲，模样狼狈极了。察迪伫立在山冈上，朝人影观察了一会，不声不响地拐进一条小路，疾速向前奔驰。

白眉儿晓得，察迪是要绕到前面去进行拦截。

白眉儿没再尾随察迪，而是径直追赶阿蛮星。

人的视觉、嗅觉和听觉都十分糟糕，阿蛮星对正在逼近的危险懵然无知，仍沿着那条牛毛细路往前走。前面出现一道半人高的陡坎，他揪住一根藤子，吃力地想翻过去。他双手刚攀住陡坎，突然像见着鬼似的尖叫一声，身体僵住了。

察迪立在陡坎上，两只豺眼闪烁着绿莹莹的冷光。

阿蛮星就像是雪做的筋骨，遇着烈焰腾腾的野火，萎了，软了，瘫了，倒了，顺着陡坎软绵绵滑落下来。

察迪前肢微曲，立即就要居高临下进行扑咬了。毫无疑问，已被折磨得只剩下半条命的阿蛮星绝对经不起大公豺察迪这凌厉的一击，转眼间就会被咬断喉咙倒在血泊中的。

白眉儿只觉得热血往脑门上涌，从树林纵身一跃，跳到了阿蛮星身边。

黑暗中，阿蛮星还以为又是一匹豺追上来了呢，倒在地上，绝望地哀叹了一声。

察迪也以为白眉儿出现是来帮自己一起收拾这可恶的猎人的，“呦呦”，它朝白眉儿欢叫了一声，两匹大公豺前后夹击，眨眼工夫就能干净利索地解决问题。

要是允许白眉儿自由选择，它希望既给阿蛮星一条生路，又别去伤害察迪的性命。但此时此刻豺和人的矛盾犹如水和火一样无法调和。要么牺牲昔日的主人，要么舍弃察迪，它没有第三条道路可走。只要站在阿蛮星身边，它感情的天平不由自主地就会倾斜过去。

察迪磨动着血红的豺舌，朝阿蛮星扑了下去。

白眉儿不敢迟疑，也凌空蹿起，扑在察迪身上，一口叼住察迪的喉管。

可怜的察迪，四肢在地上踢蹬了几下，来不及发出一声哀嚣，就再也站不起来了。它直到咽气大概也没弄明白为啥豺王会要了它的命。

在白眉儿以迅雷不及掩耳之势将察迪咬翻的过程中，阿蛮星靠着陡坎坐在地上，看着咬成一团的白眉儿和察迪，不明白是怎么回事；他无法想象在危急关头会有一匹豺跳出来救自己的性命，他怀疑自己是不是在做梦。

白眉儿想起自己跟阿蛮星之间的恩恩怨怨，百感交集，

心里酸甜苦辣咸五味俱全。它望望躺在血泊中的察迪，又望望瘫在地上的阿蛮星，甚至不明白自己为什么要这样做。

天边出现一道鱼肚白，晨光熹微，清晰地勾勒出白眉儿矫健的身影。

阿蛮星盯着白眉儿，不断用手背揉自己的眼睛，喃喃地说：“你……我在树上时注意过你，你是那群豺狗的头；你……你竟然救了我，你的模样像我养过的猎狗白眉儿；对，你就是白眉儿！”

白眉儿轻轻摇了摇尾巴。

“……要是你真是白眉儿，你就过来舔舔我的手。”他朝它伸出一只手来。

白眉儿退后了一步，对它来说，狗的生涯已经成为历史了。

“……你瞒不过我，你一定是白眉儿。我看出来了，你比所有的豺都要高大，你毛色不像豺那么红，你眉眼间有一道白斑。唔，我的白眉儿，你救了我的命，我过去误会你了；让我们忘掉过去，跟我回家，重新开始生活吧。我要给你盖间最温暖的狗窝，天天喂你最新鲜的肉食。”

白眉儿垂着头，缄默无声。晚了，一切都晚了。它现在有妻子儿女，是埃蒂斯红豺群的豺王，再也不可能回猎户寨重新做猎狗了。

“我的白眉儿，跟我回家去吧。”

天边那道鱼肚白逐渐扩展，染上了一层淡淡的水红，天快亮了。天一亮，豺们苏醒过来，就会发现冷杉树上那个黑影其实是件空衣裳，就会嗅着气味追踪而来，那时，不但昔日的主人阿蛮星插翅难逃，它也会被牵连进去，白眉儿想。该结束了，一切都该结束了。它露出尖利雪白的牙齿，“呦——”朝阿蛮星发出一声威风凛凛的豺嚣。这是恫吓，是驱赶，也是一种诀别。

阿蛮星惊恐地瞪大眼睛，面对着它，一步一步后退，退到小路弯口，转身连滚带爬地走了。

白眉儿也回转身来打算把察迪的尸体收拾掉，突然，它想起一件性命攸关的事来，拔腿飞也似的朝阿蛮星的背影追去。很快，它就在一线天那条险峻的隘口追上了阿蛮星。它堵在隘口中央，挡住了阿蛮星的去路。就这样放他回去，他已知道埃蒂斯红豺群骷髅岩大本营的位置，万一带着人群和狗群来报复，岂不是把埃蒂斯红豺群给毁了？它要他放弃前来报复的念头。

“哦，我的白眉儿，你是回心转意了，想跟我一起回家去，是吗？”阿蛮星和颜悦色地说。

白眉儿左右平扫着尾巴，汪汪汪发出一串短促的叫声。

“你既然不想跟我回家，那就让开路，我要回家了。”

白眉儿把路堵得更死了，还龇牙咧嘴做出一副扑咬状。

阿蛮星额上渗出了冷汗：“我的白眉儿，你究竟想要干什么？唔，你是想告诉我，你不是豺，你是受了老黑狗的冤枉，是吗？我相信你，过去是我错了，我错怪了你，我现在向你赔礼道歉，这总可以了吧？放我走吧。”

白眉儿仍堵在隘口，伸出长长的舌头，表示自己的意图没被理解而焦急万分。

“我的白眉儿，你到底想要什么？你快告诉我呀。唔，我急糊涂了，你是狗，狗再聪明也不会说人话的。让我想想，你为啥刚才帮了我，现在却又要堵住我。”

他搔着脑壳，皱着眉头，思索了片刻，用疑惑的口吻说：“我知道，你是那群豺的头，你不会要我放弃带着猎人和猎狗回来找豺算账吧？”

“汪”，白眉儿理直气壮地吠叫一声。

“好吧，我答应你，我回去后不对别人提这件事，永远忘掉这件事。我发誓，我不会来报复的。”

白眉儿往隘口的岩壁靠了靠，让出一条道来。

阿蛮星侧着身子，从白眉儿身边走了过去。

目送阿蛮星走远后，白眉儿回到陡坎，叼起还温热的察迪的尸体，拖到一处断崖边。察迪死得冤枉，还没瞑目，两只豺眼睁得圆圆的像两颗野葡萄。白眉儿怀着歉疚的心情，用舌头将察迪的眼皮舔合拢，然后将察迪推下断崖。几十丈高的断崖下是波涛汹涌的怒江，察迪掉下去后只溅起一朵小小的浊浪，便消失了。

处理了察迪的尸体后，白眉儿将自己的嘴在蘸满露水的草地上擦了又擦，把沾在唇吻四周的察迪的血迹洗抹得干干净净，然后，又用爪子把搏斗现场梳理了一遍，遮盖掉所有的痕迹。

回到骷髅岩，天色微明，银背小公豺还在打瞌睡，豺群也还没有苏醒。

察迪失踪已经十几天了，埃蒂斯红豺群差不多已经把它给遗忘了。本来嘛，像豺这样的野生动物只关心群体的生存，而很少注意个体价值。个别豺出走或碰到意外是极平常的事，豺群既没有户口制度，也不搞什么档案管理，生老病死听天由命，归去来兮悉听尊便，根本不值得深究。但夏索尔却始终没把察迪淡忘，恰恰相反，察迪的身影几乎每时每刻都在它脑袋里转悠。

夏索尔如此惦记着察迪，并非对朋友的思念，也不是对友情的缅怀，而是觉得察迪失踪得太蹊跷太可疑，里头肯定有名堂。

那天清晨，当夏索尔一觉醒来，被围困在树上好几天的猎人不见了。紧接着就发现大公豺察迪也神秘地失踪了。它四处寻找，找了整整一天，也不见察迪的踪影。难道察迪自行出走了？不，不可能。

自行离群索居的豺是有的，但都事出有因，或者是地位角逐的失败者，或者是情场争偶的失意者，或者是在意外事件中负伤致残的倒霉蛋，或者是在弱肉强食的丛林法则下丧偶失子的绝望者。但这些出走因素察迪身上都没有。

察迪在埃蒂斯红豺群中的地位不算低，是优秀的大公豺，属上流阶层，没有欺凌和压迫，也没有地位的角逐和争偶的纠纷，一句话，没有任何生存压力；再说，察迪有个温馨的家庭，母豺娜娜年轻娇美，三只小宝贝活泼可爱，活得好好的，察迪干吗要不辞而别离群出走呢？

排除了察迪自行离群出走的可能性，察迪不见了，只有一种解释，就是死亡。

夏索尔想，被围困在树上的猎人不翼而飞了，大公豺察迪神秘失踪了，这两件事发生在同一时间，看来，这两件事之间是有联系的。

表面看来，有可能是猎人把察迪杀死后夺路潜逃了。埃蒂斯红豺群里包括察迪的配偶娜娜在内都持这种观点。但夏索尔不这样看，它觉得猎人溜下树来把察迪杀死然后再逃走的可能性几乎等于零。人不像猴子那样有腮囊可以储藏食物，也不像牛和骆驼那样有几个胃可以反刍东西吃，人耐饿的本领远远不及豺，那位倒霉的猎人被豺群围困在树上三天没吃没喝，不饿死也起码快饿得虚脱了，猎枪也掉了，长刀也掉了，手无寸铁，赤手空拳，要对付像察迪这样身强力壮的大公豺，谈何容易。就算退一万步讲，这个猎人在危急关头爆发出一股罕见的力量，确实把察迪收拾掉了，也不可能手脚做得那么干净利索，连一点响声都没有。豺不是脆弱的蚊子，能轻轻一巴掌就被人拍死掉。人和豺肉搏，绝对是一场殊死而又持久的对抗，近在咫尺的豺群即使睡得再死也不可能一点动静也听不到的。别说一个人对付一匹豺不可能一点声音都没有，就是宰 头猪，几条汉子外加明晃晃的杀猪刀和结实的绳索，猪还要发出一声声惨嚎，三五里外都能听得到哩。

夏索尔凭着丰富的丛林生活经验，断定察迪即使是死在猎人手中，其中也一定别有曲折，另有隐情，绝对不会是普通意义上的一场人与豺的搏杀。夏索尔不是神仙阿伯，当然不可能猜透究竟是怎么回事，但直觉告诉它，这件事同白眉儿有关系。这不是凭空瞎想，它确实看出不少疑点来。

首先，白眉儿未能在有效的扑击高度里把悬吊在树枝上的猎人拽下树来，它觉得这不像是技巧上的疏漏，倒像是有意的失误。尤其可疑的是，那天清晨，当担任哨豺的银背小公豺苏醒后发现树冠上只留下一件空衣裳，惊嚣起来，大部分豺立刻被惊醒了，连瞌睡最大的幼豺也睁开了眼，整个豺群骚动不安，这时候，白眉儿才伸着懒腰从睡梦中醒来。这显然不正常。白眉儿一向机警，不可能睡得那么麻痹；当豺王的大公豺历来都是睡觉都睁着一只眼，理应在银背小公豺发出第一声报警的嚣叫时就惊跳起来。

白眉儿醒得那么晚，只有一种解释，是想让众豺看到它刚刚从睡梦中醒来。这不是欲盖弥彰是什么？尔后发生的事就更加可疑了。冷杉树下还残留着猎人的气味，白眉儿率领着豺群嗅着气味追击。这没什么，豺王在这种时候就该冲在最前面的。不正常的是白眉儿越跑越快，把豺群远远甩在后头，到了山湾一道陡坎下，白眉儿发疯般地又抓又刨又叫又咬，等到夏索尔和众豺赶到，陡坎下草叶纷飞土屑四溅，一片凌乱，猎人的气味、察迪的气味和白眉儿的气味三种气味被搅得稀烂。

干吗要在陡坎下又抓又刨的？难道猎人和察迪会钻进地底下去吗？这不是在有意破坏现场吗？

察迪的气味到一处断崖边消失了。断崖下是汹涌的怒江，所有的线索都被掐断了。察迪和猎人是否搂抱着一起滚下了断崖，还是猎人把察迪摔进怒江后自己逃掉了，永远也找不到确切的答案了。

愤怒的豺群在断崖边将银背小公豺围了起来。这小子是哨豺，值勤时睡觉，严重渎职，罪责难逃，按埃蒂斯红豺群的一贯做法，该严厉惩罚。这小子本来就不是埃蒂斯红豺群的血脉，死了也不足惜。就连一向以义母自居的母豺蓝尾尖也一改往日慈祥的面容，将恶毒的眼光盯着银背小公豺。这小子大概意识到自己末日来临了，呦呦呜呜地哀嚣着，一步步往断崖边缘退却。

这时候白眉儿的表现很不合情理，按理说，银背小公豺给豺群带来了这么大的麻烦，不管是有意还是无意，反正是做了猎人的帮凶，身为豺王，对这种罪豺，应咆哮着冲过去用爪和牙进行无情的撕咬，以维护豺群铁的纪律。可白眉儿脸上却没有丝毫怒容，不仅没率先向银背小公豺扑去，反而站在豺群的包围圈后头；当银背小公豺在豺群激愤的眼光的威逼下一步步后退退到断崖边缘，一步没踩稳摔下去掉进怒江后，其他豺都觉得不解恨，站在断崖上往在江水里徒劳挣扎的银背小公豺呦呦欧欧怪嚣时，夏索尔看见，白眉儿竟垂下了头，转身离去了，完全是一副羞惭内疚的表情。

假如它没在里头捣过鬼，羞惭内疚个屁呀。

察迪失踪后白眉儿的表现也十分反常，让夏索尔心里疑窦丛生。

这反常集中在对待母豺娜娜的态度上。

察迪失踪，娜娜变成了遗孀、寡妇和未亡豺。无论怎样称呼，性质是一样的，就是变成了失去依靠的孤苦伶仃的母豺。豺也是有感情的动物，母豺在配偶遭到意外后，一般来说都要悲痛很长一段时间，过着独身的日子，直到下次发情期才有可能重觅良婿。对丧偶的母豺来说，这无疑是一段苦涩的日子。公豺母豺联手搭档要养活小宝贝尚且不易，独身母豺就更难了，再加上由于母豺处于丧偶的悲痛中，神情恍惚，无心猎食觅食，靠捡食别的豺吃剩的残渣剩羹过日子，有一顿没一顿，膝下的幼崽经常饿得小眼珠子发绿，嗷嗷怪嚣。

豺群按弱肉强食的原则生活，很少有怜悯同情；在这种情形下，失去父豺庇护的幼豺十有八九是要饿死的。但娜娜却没吃这份寡妇的苦，因为白眉儿对娜娜出奇地关心。豺群捕获到猎物后，白眉儿总要在猎物的上等部位撕扯下一大块肉来，叼着送到娜娜嘴边。每到宿营地，白眉儿都会动用王者的权势，把其他豺驱赶走，把娜娜和它膝下的那对小宝贝安顿在较为安全的中心圈内。有一次过一条河，河面虽说不宽，却有点深，白眉儿先叼着自己的一只豺儿游过河去，返回来后又叼起娜娜的一只宝贝游过河去，交叉相送，一视同仁，连蓝尾尖都要嫉妒了。

白眉儿的行为，远远超出了豺王对普通臣民的关怀。

开始夏索尔以为白眉儿这样做是觊觎娜娜的年轻美貌，是在献雄性的殷勤，想占点便宜。这倒是很平常的事，雄性动物嘛，绝大多数都是见异思迁的德性，都是吃着碗里又瞧着锅里。假如白眉儿真存有这份动机，它夏索尔决不会大惊小怪去管这等雌雄间的闲事的。察迪已经死了，豺死不能复生，由着白眉儿去尽点丈夫的责任，对察迪留下的那窝遗孤，对整个豺群的兴旺发达，都有好处。再说，白眉儿是豺王，豺王多占有一匹母豺，也不算什么奢侈。

但夏索尔很快发现，白眉儿并没有这种享用遗孀的企图。要是一匹大公豺对一匹母豺有这方面的意思，献了殷勤之后，就会有一种权利感，就会借机会待在那匹母豺身边，黏黏糊糊卿卿我我。但白眉儿却表现得与众不同，完全不像是要套近乎，把肉块扔在娜娜面前，转身就走一分钟也不耽搁，仿佛娜娜身上害着什么传染病似的。

夏索尔极仔细地观察过，白眉儿在娜娜面前从不嬉皮笑脸露出轻佻相，从不像动情的公豺那样两只欲火中烧的眼珠子直愣愣地盯着娜娜。那副严肃正经的样子，真让夏索尔怀疑这家伙是不是阉割过的。倒是娜娜经常得到豺王的恩惠，很不好意思，或者说有点受宠若惊，丧偶的悲痛很快平息，心灵的创伤也渐渐愈合，黯淡的毛色恢复了鲜亮，看白眉儿时两颗麻栗色的瞳仁一闪一闪，就像两只已装有诱饵的鱼钩。

有一次，夏索尔亲眼看见，当白眉儿把糯滑可口的一大圈牛肠牛肚送到娜娜和三只幼豺身旁时，娜娜秋波频送，眉目含情，那根蓬松的豺尾翘得老高，对母豺来说，这是一种门户开放的身体语言。娜娜还吆喝着把三只幼豺支使开去，草窝窝里只剩下娜娜和白眉儿；娜娜身体软得像用春天的阳光捏成的，侧躺在白眉儿唇吻下，仰着那张媚脸，宛如一朵渴望雨露滋润的花朵。白眉儿却无动于衷，扭过身去小跑着离开了。

夏索尔看见，娜娜脸上表情惘然。

夏索尔以为是蓝尾尖在附近，白眉儿怕老婆，所以不敢吃已到了嘴边的肉。它四下望望，连蓝尾尖的影子也没见到。

夏索尔还做过两次实验。第一次，它装着对娜娜垂涎三尺的模样，当着白眉儿的面，百般调戏，强行追逐，白眉儿就像没看见似的。第二次，它装着饥饿难忍的样子，把娜娜刚从白眉儿那儿得到的一块肉抢走了，白眉儿见状勃然大怒，恶狠狠地扑上来同它厮斗，直到它把肉送回娜娜面前做出求饶的姿态这才算完。

这两个实验说明一个真理：白眉儿绝非出于两性的吸引力这才照顾娜娜的。

白眉儿的所作所为，和埃蒂斯红豺群传统的行为规范大相径庭。夏索尔不相信世界上会有纯粹尽义务做好事的大公豺，不相信豺的道德词典里会有无私的同情与怜悯。其中必有隐情，它想。豺没有好与坏的是非标准，只有正常与反常的客观准则，白眉儿的行为很反常，反常说明里头藏有奥秘。用欠债偿还的逻辑或许可以解释得通白眉儿反常的原因。出于某种缘故，白眉儿欠着娜娜一家子的情，怀有一种深深的负疚感，现在娜娜生活陷落窘境，就还债还情。欠的能是什么债什么情呢？埃蒂斯红豺群里大大小小的事很难瞒得过它夏索尔，它搜遍记忆的角角落落，也想不起白眉儿曾经和娜娜一家子有过什么恩怨瓜葛。在察迪失踪前，白眉儿同这家子豺的关系普通得不能再普通了。即使彼此曾经有过口中夺食欺蒙拐骗诸如此类的小芥蒂，也没必要如此内疚的。看来所欠的债和所欠的情和察迪的神秘失踪有联系！

假如察迪的死与白眉儿有牵连，就可解释通为什么骁勇善战的察迪会无声无息地消失掉。猎人也罢，虎豹也罢，狼群也罢，就算能把察迪置于死地，但绝不可能一点响动都没有，唯有同类，才有可能做到这一点。设想白眉儿来到察迪身边，察迪毫无防备，白眉儿一口叼住察迪的喉管；白眉儿豺牙尖利，力大无穷，在察迪还没来得及反应过来是怎么回事，喉管已被咬断，想叫也叫不出声来了。要知道，空中噬喉是白眉儿的拿手好戏。

夏索尔越想越觉得自己的判断是正确的。看来，自己过去的怀疑是对了，白眉儿豺的外表下，跳动的其实是一颗狗心。假如身为豺王的白眉儿真是一条狗，埃蒂斯红豺群迟早会被引入狗的歧途，遭到种族灭绝的下场。它夏索尔一定要设法找到确凿的证据，在众豺面前剥下白眉儿的伪装，拯救埃蒂斯红豺群！

第十章　大屠杀

白眉儿做梦也没想到，昔日的主人阿蛮星会这么快就背信弃义，对埃蒂斯红豺群骷髅岩大本营进行大规模的围剿。这真是一场惊天地泣鬼神的屠杀，五六十条各种毛色的猎狗满山遍野狂吠乱叫，五六十支猎枪喷吐着一团团耀眼的火光。

这场野蛮的围剿是在黎明前开始的，豺群毫无防备，顿时乱成一锅粥。公豺们像无头苍蝇似的乱窜，母豺们急忙叼起还在蹒跚学步的幼崽，想夺路突围。但训练有素的猎狗封锁了所有的出口，小路、山顶和灌木丛里埋伏着填满火药铅巴的猎枪。

一匹名叫刀疤脸的公豺想从几条猎狗守卫的小山谷逃出去，结果被狗们团团围住，很快成了犬牙下的冤鬼。另一匹名叫深宝的老公豺顺着小路猛跑，结果还没跑出骷髅岩，訇的一声巨响，脑袋就开了花。还有一匹名叫丽妮的母豺，叼着一只自己的小宝贝，不顾有毒的荆棘把它浑身上下撕扯得鲜血淋漓豺毛飞旋，钻进密不透风的灌木丛，想潜逃出去，刚钻了半截，猎人点燃了这片灌木丛，霎时间，烈焰腾空，火光中，丽妮蹿跳起一丈多高，浑身都着了火，像只大火球，惨嚣声响遏行云。

从第一声狗吠第一声枪响起，仅仅半个小时，埃蒂斯红豺群便损失了三匹成年豺和一只幼豺。整个豺群被围困在一条长约半里宽约五十来米的狭长的骷髅岩里。四周布满了猎枪和猎狗，围得水泄不通。幸亏骷髅岩满地都是奇形怪状的大石头，遮挡了猎人们瞄准的视线，也给冲锋陷阵的猎狗制造了障碍，增加了难度。

豺们利用岩石作掩护，顽强地抵挡着猎狗的进攻。

突然，在一片狗吠豺嚣声中，响起一声浑厚的牛角号声。立刻，猎狗不再吠叫，猎枪也不再射击，喧闹的山野变得一片死寂。

随着牛角号声，骷髅岩对面那座小山包上站起一个身穿黑色对襟短衫的汉子，浓眉大眼，熊腰虎背，白眉儿不用细看，一眼就认出是昔日的主人阿蛮星。不用说，是阿蛮星组织并率领了这场狩猎。大祸的来由和根源不言自明了。白眉儿后悔得简直想咬断自己的喉管。要是它不那么愚蠢和迂腐的话，阿蛮星早就变成豺群的美餐，埃蒂斯红豺群就绝不会遭到眼前这场灭顶之灾了。

你不是答应不来报复的吗？你怎么可以出尔反尔呢？白眉儿悲愤地朝阿蛮星长嚣一声。

这真是多余的悲哀。人类永远也不会把动物当做地位平等的对手；人类在动物面前的一切誓言和诺言本质上都是谎言，都是一种策略。难道要尊贵的人类与豺遵守同一条道德标准吗？

夏索尔和好几匹大公豺也都认出站在小山包上带领庞大猎队前来围剿的就是那个曾被豺群围困在冷杉树上整整三天的猎人，恼怒而又惊诧的嚣叫声此起彼伏，真正是群情激愤。

小山包上人影晃动，猎狗奔跑，阿蛮星在大声吆喝着什么，显然，他们又要组织一场新的进攻了。

白眉儿发现，前来围剿的猎人和猎狗起码有一半是它不认识的；也就是说，不单是猎户寨的猎人和猎狗倾巢出动了，阿蛮星还联络了邻村的猎人和猎狗，看样子是决心要把埃蒂斯红豺群一网打尽了。

平静了一小会儿，新的进攻就开始了。骷髅岩小山谷右侧响起狗群狂热的吠叫，排枪齐射，霰弹打得乱石飞溅，硝烟迷漫。

猎人和猎狗顺着山谷从右侧向骷髅岩攻过来了，豺群不由自主地向山谷左侧退却。

白眉儿感到奇怪的是，左侧山谷口见不到一个猎人，也没有一条猎狗。难道猎人会网开一面？不，这不可能，这些猎人和猎狗长途跋涉好几十里山路，又爬山又过河又钻草窠窠，吃这么多苦，必欲置豺于死地而后快，是绝不会心慈手软的。那么，是猎人疏忽了，忘了该堵死豺群的退路？也不可能。它想，假如换了豺群在这个地形下围截一群羚羊，也不会那么粗心地留下一个显而易见的缺口的。人的脑袋比豺的脑袋要聪明许多倍，豺都想得到的事人能想不到吗？它还在当猎狗时，多次跟随阿蛮星进山狩猎，阿蛮星经验丰富，智慧出众，绝不是草包猎人。看来，阿蛮星是有意留下这么个缺口的。既然是有意留下的缺口，那就一定是个圈套，是个陷阱，是个火坑，是要把豺斩尽杀绝的一个大阴谋！它不能贸然带领豺群钻进去的。

白眉儿冒着被尖啸的霰弹洞穿脑壳的危险，跳上一块大石头朝山谷左侧望了一眼，山谷口是片荒草甸子；草甸子形如乌龟，几缕黑烟在草甸子对岸袅绕升空。它恐惧得打了个寒噤。对惧怕火的豺来说，这可是名副其实的火葬场啊。它恍然大悟，猎人之所以网开一面，其实是要把豺群驱赶进那块荒草甸子去。初冬无雪，天干物燥，荒草极易燃烧，一把火就可以把豺群烧个净光。这主意实在太毒辣，太凶险了。

山谷右侧的猎狗越咬越紧，猎人粗犷的撵山吆喝声也越来越近，豺群被迫无奈地向山谷左侧逃跑，很快就接近荒草甸子了。

再也不能犹豫了。白眉儿尖嚣一声，拦住往草甸子退却的豺群，然后，豺嘴指向山谷右侧，短促地叫了两声，用身体语言告诉豺群，必须往这个方向突围求生。

惊慌失措的豺们你望我我望你，张张豺脸露出惊愕困惑的表情。朝有着成群猎狗和几十支猎枪把守的方向突围，这不是飞蛾扑火自寻死路吗？好几匹大公豺怪模怪样地嚣叫起来，以示不满。

白眉儿来不及解释了，在大公豺博里的肩胛上狠狠咬了一口，这是一种对不服从豺王指令的惩罚；它是豺王，任何时候都有权调度豺群的行动。

豺群慑于豺王的威势，转变了方向。

就在这时，草甸子对岸那几缕黑烟突然膨胀了，升腾起一股柱状浓烟，像条张牙舞爪的乌龙，还传来干枯的荒草被火焰引着后燃烧的毕剥声。

极有可能是两处的猎人联络信号出了差错，草甸子对岸举着松明火把的猎人还以为豺群已被驱赶进草甸子了，就迫不及待地把火给点着了。

这倒帮了白眉儿的忙，豺们纷纷朝它发出幸免于难的慨叹。

豺群虽然避免了全体葬身火海的下场，但形势依然十分险恶。对身为豺王的白眉儿来说，一个难题才下眉头另一个难题又上心头。豺群正按它的旨意在向山谷右侧突围，但用突围这个词显然是过于夸张了，确切地说应该是逃难。整个豺群十几匹公豺二十几匹母豺，带着二三十只当年出生的幼豺；幼豺年龄尚小，既跑不快，又不会扑咬，成了群体突围的一大累赘；母豺们害怕自己的小宝贝在突围时失散，干脆把幼豺叼在嘴里，差不多每一匹成年豺嘴里都叼着一只幼豺；队伍松松垮垮，大豺嚣，小豺叫，凄凄惨惨戚戚，活像一群被赶往屠宰场的猪。前头有手握猎枪的猎人，还有智力、体力、扑咬技巧和奔跑速度都不亚于豺的一大群猎狗；叼着幼豺突围，势必严重影响奔跑速度，还无法对猎狗反咬一口；极有可能，拖儿带女的豺群刚冲到右侧山谷口就被通通歼灭掉。就这样突围，无疑是前去送死；要想突围成功，只有卸掉包袱——把幼豺留在原地！

这个做法虽然很明智，却很残忍。瞧这些小家伙，依偎在母豺身体底下，骨碌骨碌转动着惊慌不安的小眼睛，对它们来说，母豺是唯一的保护伞。要让母豺留下自己的孩子，等于在割母豺的肉；不是万不得已，白眉儿绝不会这么做的。

小家伙们藏匿在骷髅岩的石缝间草丛里，兴许不会被发现，还有一线生机。当豺群突围出去后，猎人和猎狗会紧追不舍，离开骷髅岩，这样的话，小家伙们留在原地反而能获得解脱。

不管怎么说，总比整个豺群彻底覆灭要好得多。

这事，当然只能从自己做起。白眉儿朝蓝尾尖使了个眼色，叼起豺女黄圆，放进一个隐秘的石缝。蓝尾尖不敢阻拦，又实在舍不得，急得想咬自己的尾巴。其他母豺也都护着自己的幼豺，朝白眉儿龇牙咧嘴地嚣叫，以示抗议。

“呦欧——”白眉儿威严地长嚣一声，以表白豺王不可动摇的决心。

一匹名叫嘉宝的母豺秋天时一胎生了三只幼豺，刚出生不久就被金雕抓走了一只，后来又病死了一只，只剩下唯一的一只幼豺了；物以稀为贵，平时半步都舍不得离开；此刻大约担心白眉儿硬逼它留下小宝贝，歇斯底里地尖嚣一声，叼起自己的幼豺就往山谷右侧蹿去。刚蹿到山谷口，从树丛里跃出四条猎狗，嘉宝嘴里叼着幼豺，毫无还手之力，一眨眼的工夫，就被一条花斑猎狗把幼豺抢走了。山谷外传来幼豺垂死的呜咽；嘉宝发疯般地朝花斑猎狗扑去，大有一种玉石俱焚同归于尽的气概。但还没等它的爪子落到花斑猎狗身上，“砰”的一声枪响，嘉宝的头盖骨被掀开了，爆出一片白白的脑浆。

豺群怔怔地望着，许多豺眼一片骇然。

终于，蓝尾尖也叼起豺儿黑圈，学着白眉儿的样，送到石缝里。其他母豺跟着仿效，纷纷将自己的宝贝就地藏起来，草丛里，绝壁上，石缝间，到处是唏嘘声。所有的豺都明白，这是一次凶多吉少的生离死别。有的母豺抓紧片刻时间再喂一次奶，有的公豺衔来树枝草叶，把藏匿着幼豺的角落伪装起来。幼豺们生在弱肉强食的丛林里，懂得在这种情形下该如何表现，都乖乖地缩在父母为它们选定的旮旯里，没有叫唤，也没有淘气。

这时，山谷右侧的猎人和猎狗开始谨慎地向前推进，山谷左侧草甸子的火焰也借助风势，往山谷里灌进阵阵热浪。最后的关头到了，白眉儿匍匐在一块磐石后面，沉住气，等待着。那条可恶的花斑猎狗狗胆包天，凶猛地吠叫着冲在最前面。白眉儿等花斑猎狗两只狗爪差不多要踩着自己鼻子时，突然像离弦的箭嗖的一声从磐石背后蹿出来，一口咬住花斑猎狗的后脖颈，霎时间，温热的狗血喷了它一脸，刚才还气势汹汹的花斑猎狗软得像坨湿泥。这小小的胜利极大地鼓舞了豺们的斗志，豺群像股红色狂飙，刮向猎狗群，和猎狗扭成一团。这是避免猎枪射击的最好办法。果然，猎人们干瞪着眼，举着猎枪不知往哪儿瞄准。

失去了猎枪的庇护，猎狗威风锐减；虽然猎狗数量上超过豺，也只打了个平手。

白眉儿左冲右突，满嘴都是狗毛狗血，一直处于豺群的最前列。

很快，对豺的生活习性多少有点了解的猎人就把注意力集中到白眉儿身上。人类的战争词典里有擒贼先擒王的说法，几支猎枪同时瞄准了白眉儿的心脏。

白眉儿机警地和一条黑狗纠缠在一起，猎人的扳机无法扣响。

终于，豺群越过猎狗和猎人设置的两道封锁线，冲出了小山谷。背后传来猎狗羞愤的咆哮和猎人恼怒的吆喝。霰弹像一群群无形的小精灵，打得豺群四周溅起一簇簇泥花。豺们完全可以逃得更快些，快快摆脱死亡的阴影。但白眉儿有意压住逃亡的速度，与猎狗保持两三百米的距离；这距离刚好在猎枪的有效射程内。

一匹公豺跑着跑着后脚杆被铅弹打断了，踬颠踬颠落在后头，很快就被几条猎狗撕成碎片。一匹母豺腹部被穿了个窟窿，肠子漫流出来，又被树枝缠住，肠子像绳子似的把它捆绑了，变成猎枪的活靶子。

要是再逃快些，这些不幸也许是可以避免的，起码，类似的不幸不会接二连三地发生。可是，白眉儿沉住气，还是用和猎狗差不多的节奏奔逃着。整个豺群也没有哪匹豺加快步伐逃到前面去。

所有的豺都想到了这一层：要是自己撒开腿像阵风似的逃得无影无踪，猎人和猎狗也许就会中止这场徒劳的追逐，就会回转身去搜索那条狭长的骷髅岩，这样一来，那些藏匿在草丛石缝间的幼豺就十分危险了。

宁肯自己冒生命的危险，也要把猎人和猎狗引得远些再远些。

对埃蒂斯红豺群来说，幼豺是未来是希望是种族的延伸是生命的继续。

从太阳当顶一直跑到太阳偏西，猎人大概都快累断腿了，这才吹响牛角号，猎狗停止了追击，豺群总算死里逃生了。

豺群耐心地等到黑夜降临，这才又顺着原路返回骷髅岩。一走进小山谷，母豺们便急不可耐地长嚣短叫，呼唤自己的心肝宝贝。猎人已经撤走，猎狗也已经远去，危险就像太阳一样沉到山底去了；出来吧，小宝贝，妈妈回来了。

骷髅岩一片死寂，没有任何动静。

公豺母豺发疯般地嗅着气味扑向自己儿女藏身的地方，用爪子刨，用嘴拱，折腾了半天，连一只幼豺也没找到。

皓月当空，豺们你望我我望你，面面相觑。很显然，猎人比豺想象的更聪明更有手腕，追不到豺群，及时踅回骷髅岩，让嗅觉和豺同样灵敏的狗把狭长的小山谷彻底搜索了一遍，结果，爪子稚嫩毫无反抗能力的二三十只幼豺无一例外都被搜捕出来了。

无法想象幼豺们现在怎么样了。也许已被剥皮烫毛，油烹清蒸，当做山珍海味摆到了人类的宴席上；也许还活着，被当做猎人的荣耀挨村挨户展览呢；也许被当做训练的活靶子，让小猎狗百般戏弄百般虐待……

每匹豺心里都很明白，不管是死是活，幼豺落到了猎人手里，绝不会有什么好果子吃。

蓝尾尖首先用喑哑的嗓门悲嚣起来。悲哀是会传染的，霎时间，骷髅岩响起一片豺嚣，如泣如诉，哀怨悱恻，谁听了都会毛骨悚然。

一只猫头鹰被豺嚣声吓得扑棱着翅膀飞走了。一对雪球似的小山兔被这阴森森的豺嚣声吓得晕头转向，从草窠里蹦出来，稀里糊涂地撞进豺群，在悲痛欲绝的母豺们身边绕来绕去。母山兔眼睁睁望着自己的小宝贝撞进豺群去，急得一颗心要跳出嗓子眼，站在山谷尽头声嘶力竭地呼叫着。要是在平时，对这两只送货上门的小山兔，母豺们早就蜂拥而上你抢我夺把它们撕成碎片了，但此刻，母豺们只是用惊讶的目光望了望小山兔，谁也没动用爪牙进行猎杀。

这是一种同命相连的慈悲。

一种绝望的情绪弥漫在白眉儿的胸臆。豺不像人类那样有保健制度，幼豺夭折司空见惯，但过去无论遭遇灾荒还是人祸，总有相当数量的幼豺能躲过劫难存活下来，套用人类一句俗话，就是继承香火。这一次，所有的幼豺一锅端了，好比生命的长链中间断了一环。对群体来说，这是一种毁灭性的凶兆。不错，母豺一年可以生两胎，从理论上说，这种生存率是相当可观的，呈几何级数增长，少一两茬幼豺似乎无碍种族繁荣的大局。但事实上，母豺要在幼豺长到一岁半或两岁才会再次发情。扣除因感情因素而不愿择偶交配的母豺，又加上因天灾人祸而高得无法想象的死亡率，埃蒂斯红豺群丁口的增长率刚刚是零。

人类发动了一场和野生动物争夺生存空间的持久战争，失败的一方只能是野生动物，像埃蒂斯红豺群这样群体总数量不减下来已经是相当不容易了。

眼下这场灾难，使埃蒂斯红豺群的数量从六十来匹一下子减到了三十来匹。豺是有感情的动物，在特定的情景下感情的力量还相当强大，遭受失子的沉重打击的母豺会很长一段时间沉浸在悲痛中不能自拔，也就是说，甭指望母豺们会在明年春季发情期正常交配。要是失去了整整一茬幼豺，又错过了一季发情期，种族的衍续就成大问题了。

怎么办？怎么办?!

就在这时，左侧山谷外刮来一股秋风，传来几缕幼豺的哀叫声。骚乱的豺群立刻安静下来，匹匹豺都竖起耳朵来谛听。“咿呀欧——咿呀欧——”声音若断若续，但果真是幼豺在叫。

不等白眉儿发出指令，母豺们便争先恐后地朝山谷左侧蹿去。

在骨肉情深面前，豺王的权威也是有限的。

这是一块荒草甸子，猎人放火把枯草烧掉了，变成一块空旷的平地。满地都是被烧焦的草秸和银白色的灰烬。月光如昼，把这块铺满白灰的平地照得雪亮。在草甸子中央，竖着一根木桩，木桩上套着一个铁绳环，连着一圈绳扣，每只绳扣都拴着一只幼豺。幼豺的脖颈上都套着麻绳，散在木桩四周。初冬的夜，寒意料峭，幼豺挤成一团，喊爹叫娘。

白眉儿率领豺群赶到离荒草甸子几百米远的一片乱石滩里，停了下来。

豺不是憨头憨脑的狗熊，也不是鲁莽愚钝的野猪，猎人玩的这套诱捕法休想瞒得过豺的眼睛。虽说开阔的荒草甸子静悄悄的，连个人影都瞧不见，也闻不到一丝人的气味，但谁心里都很明白，在离荒草甸子不远的某片树林或某丛灌木里，肯定埋伏着一杆杆会喷火闪电的猎枪。豺世世代代与人为敌，无数匹豺的生命换得一条血的教训，在与猎人对垒时，看不见危险就是最大的危险。幼豺们拴在草甸子中央的木桩上，绝不可能是猎人在失物招领，让母豺们把小宝贝带回丛林去团圆。世界上还没有这种菩萨心肠的猎人。很显然，猎人们是有意把幼豺绑在荒草甸子里的，就像钓鱼用的诱饵，引诱豺群去上钩。

这一招十分毒辣。是的，豺们看透了猎人的狡诈，晓得在静悄悄的背后隐藏着杀机，但这一招仍然又毒又辣。

倘若猎人布置的是其他圈套，比如是用猪崽羊羔作诱饵，一旦被豺眼看透，这圈套也就失效作废了。唯独眼前这个圈套，就算是被你识破，也不愁你不往里头钻。

幼豺和母豺之间，有一根沤不烂斩不断的爱的绳索；母豺绝不会因为幼豺身边有圈套而对幼豺弃之不顾的；在任何危险的境地，母爱也不会减弱半分。

饥饿、寒冷、恐惧和被擒捉时的伤痛，使得幼豺们不断发出呦呦哀嚣。幼豺们的哀嚣声像一支支利箭，准确地射中母豺的心。二十余匹母豺蹲在白眉儿面前，伸着舌头，瞳仁绿莹莹的，闪烁着恳求的光。尤其是蓝尾尖，不停地用爪子搔弄白眉儿的颈窝，催促它快下令冲进荒草甸子，去拯救正处在水深火热中的幼豺。

白眉儿望着荒草甸子里的幼豺，不敢轻率下命令。

它曾当过两年猎犬，耳濡目染，太熟悉猎人玩的这套把戏了。荒草甸子平坦开阔，地上只有一层薄薄的草灰，既没有可以隐蔽的树荫，也没有可以藏身的石沟土坎，只要一走进去，立刻暴露无遗。对猎人来说，这无疑是十分理想的射击场，视界开阔，月光明亮，能见度极好。虽然为了迷惑豺群，猎人把猎狗通通转移到其他地方去了，豺们不用担心被猎狗追撵撕咬，但一支支黑森森的猎枪也就更没了会误伤猎狗的顾忌，瞄得准打得狠，发挥比白天更大的威力。

白眉儿还在猎户寨时，曾跟着阿蛮星玩过类似花招。那次阿蛮星带着它去打猎，在一棵枯树的空心树干里逮到一只刚出生不久的小灵猫。母灵猫也许是外出觅食了，不见踪影。阿蛮星把小灵猫抱回家，装在一只小铁笼里，放在寨子外面一块空地上，自己躲在十来米远的一棵大树后面。半夜，小灵猫喵喵叫个不停，果然把母灵猫给招引来了。阿蛮星只费了一颗子弹，就轻而易举地获得了一张昂贵的灵猫皮。

动物的母爱其实也是动物的一种致命的弱点，猎人懂得这一点，千方百计地利用这一点。

眼前这块荒草甸子，很明显，是个屠宰场，豺只要一走进去，就变成了猎枪的活靶子，肯定是有去无回。

放弃救援幼豺，赶快离开这是非之地，是最明智的做法了。可是，救子心切的母豺们会服从它的命令吗？不，不可能的。对母豺来说，前头即使是龙潭虎穴，是刀山火海，也一定要闯一闯的；母豺在这种时候都是脑袋像盆糨糊的糊涂蛋，都是失去理智的狂命徒，宁肯粉身碎骨也不会退却的。

假如牺牲几匹成年豺的性命就能救出被拴在木桩上的

二三十只幼豺，它白眉儿不会犹豫不决的，以较小的代价获取较大的利益这笔账豺也会算；现在的问题是，明摆着的，冲进荒草甸子去救幼豺，等于白白送死！

但假如它阻止母豺前去救援，一意孤行，责令豺群撤走，势必触犯众怒，没有哪匹豺肯听它的。

怎么办？好为难！

白眉儿忧心如焚，豺脑筋开不了窍，拼命想也想不出个既能保全母豺们性命又能救幼豺脱苦海的两全之策。

时间像流水似的静静流淌。银盘似的月亮当空高悬，夜已经很深了。

蓝尾尖等得不耐烦了，蹿到白眉儿面前，张嘴在它肩胛上不轻不重地啃了一口，啃去几绺豺毛。其他母豺也依葫芦画瓢，蹿上来啃咬。

这是一种催促，一种威逼。

白眉儿躲闪着，仍没有要冲进草甸子去的表示。

许多母豺的胸膛里响起一片咕噜咕噜声，表达对它的失望和轻蔑，也是一种埋怨和訾骂。

白眉儿委屈地低嚣了几声。它何尝不想冲进荒草甸子去把幼豺们救出来呢。它是豺王，是群体的首领，只有种族兴旺，才有它的显赫威势。抛却豺王的身份不说，作为蓝尾尖的配偶，作为黄圆和黑圈的父亲，它也恨不得立刻长出三头六臂来，把埋伏在草甸子附近的猎人通通赶走，把幼豺解救出来。它也不乏父亲的爱心啊。可是，感情冲动并不能解决问题。除了父亲的责任，它还肩负着豺王的重担，它有义务使种群从濒临灭绝的边缘解脱出来，它不能看着整个豺群惨遭毁灭。

蓝尾尖、娜娜和另几匹母豺显然不满意它的优柔寡断，翘起尾巴在它脸上羞辱地扫了两下，从它身边跳开去。

夏索尔不知什么时候已跳到了一块大石头上，挺着胸脯面朝着荒草甸子，目光如炬，耳廓笔直，浑身上下充满无所畏惧的英雄气概，一副慷慨赴难不惜赴汤蹈火的模样。夏索尔一只前爪和一只后爪不停地刨着地，这是即将向目标扑蹿的信号。就像磁石具有吸力似的，好几匹母豺迅速向夏索尔聚拢过去。夏索尔得意得连眼角都快扯到耳根了。

白眉儿差点没晕过去。都什么时候了，夏索尔还想着要来同它争夺王位！要是夏索尔果真能把幼豺救出来，它白眉儿心甘情愿拱手把豺王位置让出来。但凭夏索尔的这点能耐，是绝对救不出幼豺的。这家伙无非是想利用眼前这场危机把它白眉儿比下去罢了。这无聊透顶的王位角逐，将会把整个豺群断送掉的。

白眉儿想上前阻拦，但还没等它跑到夏索尔面前，蓝尾尖就用身体挡住了它。蓝尾尖也斜着眼，眼光充满鄙夷和蔑视，仿佛在看一只胆小的兔子。蓝尾尖这种态度是可以理解的；在自己的小宝贝身陷绝境时，不敢挺身而出的公豺简直就不是公豺，豺王当然也就不配再做豺王了！

真正是众叛亲离。白眉儿明白，假如它再前去阻拦夏索尔的愚蠢的行为，它的一番苦心更会被当做驴肝肺，它的明智和谨慎会被视为懦弱怕死，它对群体的赤胆忠诚会被误解成把群体的生存当儿戏；但假如它听任夏索尔率领豺群冲进草甸子去，一场毁灭性的灾难就会发生，宁静的荒草甸子转眼间就会变成埃蒂斯红豺群的集体墓地。

阻拦不行，听之任之也不行；它必须当机立断拿出克服危机的好办法来。

真是急中生智，它脑子里蓦地跳出一个绝妙的主意：

只身跑进开阔的草甸子去，与比狐狸更狡猾的猎人展开一场智斗！

它是狗，准确地说它曾经做过狗，它身上有一半狗的血统，它皮毛不像纯粹的豺那样红艳，它会像狗那样吠叫，会甩尾巴，除了了解内情的阿蛮星外，眼睛再尖的猎人也休想一眼就看出它豺的真面貌来。假如它出其不意地跑进荒草甸子，甩动尾巴，发出汪汪叫声，埋伏在暗处的猎人会以为是谁家跑散的猎狗，那就不会断然朝它开枪，它便有时间有机会走到草甸子中央的木桩旁，咬断绳索，救出幼豺来！

出奇制胜，这办法也许能行。

白眉儿冲动地往前跑了两步，猛地又收敛住了四条腿。不错，这主意很绝，有一定把握能救出幼豺；但它一旦这样做了，就等于不打自招，在众豺面前暴露出自己狗的血统。豺们认清它狗的真面目后，绝不会再拥戴它做豺王了，恐怕也不会再容忍它留在埃蒂斯红豺群中了。豺和狗虽然在亘古时代同宗同族，但自从狗投靠人类后，彼此就演变成了不共戴天的仇敌。狗帮助人类追捕豺戕害豺屠杀豺，豺恨狗可以说是恨到了极点恨到了骨髓。埃蒂斯红豺群几乎每一匹成年豺都有一本受狗迫害的血泪账。大公豺楚楚的一只耳朵就是被一条黑狗咬掉的；母豺玲玲生了三胎共九只幼豺，都被猎狗吃掉了；还有一匹名叫呼呼的豺两岁时被一条充满歹意的母狗咬掉了赖以传宗接代的豺鞭，可怜的呼呼，不雌不雄，窝窝囊囊……在豺的眼里，狗是叛逆，是异己，是内奸，是蟊贼，是不齿于豺类的人屎堆。

它跳出去用狗的吠叫狗的摇尾迷惑猎人，要是精明的猎人看出破绽，在毫无遮蔽的开阔地里，在明亮的月光下，在那么近的距离内，只消一颗铅弹就可以把它的脑袋打得像开瓢的葫芦；即使是精明的猎人由于一时疏忽而没能看出破绽，它救出了幼豺，也会葬送自己在埃蒂斯红豺群的锦绣前程，说不定愤怒的豺群会要了它的身家性命。

它跳出去救幼豺，成功也好，不成功也好，对它来说，结果都很不妙。

生命都是自私的，它何苦要白白牺牲掉自己呢。豺的一生，生命只有一次，死了不能复生。虽说救出幼豺后，埃蒂斯红豺群可能劫后余生，但它不存在了，豺群的兴衰对它来说还有什么意义呢？

大公无私对豺来说就是傻瓜的意思。

白眉儿又退回乱石滩。蓝尾尖憎恶地朝它嚣叫一声，紧紧地贴到夏索尔身边去了。

救子心切的母豺们众星拱月般地围着夏索尔。夏索尔一副踌躇满志力挽狂澜的表情，顺着乱石滩小踏步向前运动，很明显，是在寻找一条最佳路线向荒草甸子中央的木桩冲击。

埃蒂斯红豺群的生死存亡处于千钧一发的危急关头。

白眉儿望着精神极度亢奋的蓝尾尖，一股热血直冲脑门。蓝尾尖是它心爱的妻子，现在还鲜龙活跳，几分钟后，就会倒在猎人的枪口下；还有它心爱的宝贝黄圆和黑圈，也难免在这场屠杀中丧命。它是蓝尾尖的丈夫，黄圆和黑圈的父亲，它有责任保护它们，使它们免遭杀戮。

它如果苟且偷安，为了自己的安全不装成条狗跑进草甸子去，不仅蓝尾尖会死于非命，黄圆和黑圈也将成为人类的盘中餐。它最亲近的豺都死了，埃蒂斯红豺群都毁灭了，它独自活在这个世界上，还有什么意义？

它不想大公无私，但它更不想成为群体毁灭后的孤魂；

它可以割舍一切，但割舍不掉黄圆和黑圈；它们是它基因的复制品，是它生命的延续。

罢罢罢，宁肯暴露出自己狗的血统，也要把幼豺救出来！为了救出黄圆和黑圈，为了整个种族的利益，它只好铤而走险了。

就在夏索尔率领母豺们准备孤注一掷冲出乱石滩的一瞬间，白眉儿旋风般地蹿进荒草甸子。

汪汪汪汪，寂静的草甸子爆响起一串清亮的狗吠声。

这吠叫声那么纯正，那么标准，那么地道，那么圆熟，一听就知道是条真正的狗在叫。

背后的乱石滩一片寂静，白眉儿不用回头看就可以想象得到，整个豺群包括它的妻子蓝尾尖在内都被这突如其来的变化惊得目瞪口呆。

荒草甸子正前方约五六十米远那片十分可疑的灌木丛没有任何动静，其实，荷枪实弹的猎人就埋伏在那儿，但猎人们是不会轻易向猎狗开枪的。

埃蒂斯红豺群真是不幸中的大幸，此刻轮换值勤的那拨猎人刚巧不是猎户寨的，也就是说了解白眉儿底细的阿蛮星没在场。

月光如昼，被烧成一片灰烬的荒草甸子像铺着一层明亮的水银。

白眉儿一面吠叫一面朝草甸子中央的木桩慢慢靠拢。

它不能跑得太快，猎狗对不明真相的可疑东西都是这样靠近的，它不能违反常规，让猎人瞧出破绽来。它的爪子踏在厚厚的草灰上，扬起一团团轻烟似的灰尘。它一路摇动着尾巴。它已经两年没像狗那样摇过尾巴了，刚开始摇时未免有点生硬，东刺西扫，上摆下甩，风格不像地道的狗，尾尖总带着野性的棱角；但很快，尾巴就摇得娴熟起来，在空中甩出一个个漂亮的圆圈，像花影，像水纹，像一只只小月亮。

再有丛林生活经验的猎人看到它摇尾听到它吠叫，做梦也不会想到它是乔装的狗。

它已接近木桩，幼豺们嗅到了熟悉的气味，呜呀呜呀朝它急切地呼叫着。它的黄圆和黑圈用爪子扒动脖颈上的绳索，挣扎着欲扑进它的怀里来。

幸亏人类智慧的大脑还未能破译出豺的语言，听不懂幼豺们在嚷些啥，不然的话，肯定是天机泄露，功亏一篑。

白眉儿尽量做得像条真正的猎狗那样，朝木桩气势汹汹地咆哮着，跃跃欲扑，仿佛随时准备把幼豺撕咬成碎片。

埋伏在灌木丛的猎人果真以为白眉儿是条跑散的猎狗，出于狗性的本能，在扑咬幼豺呢；对猎人来说，这当然是又气又好笑的事，很快传来嘘嘘的驱赶声。

“这是哪家的狗，怎么这般讨厌。”

“看不清是谁家的狗，兴许是其他寨子的猎狗，绳子没拴牢，溜出来玩儿的，闻到豺的气味后就跑来了。”

“快，把这该死的狗撵走！有狗在这里，想来救幼豺的母豺不敢靠近木桩的。”

“对对，要把狗轰走，不然的话，豺会发现我们在这里打埋伏的。”

“嘘——滚开！嘘——滚开！”

几颗小石子和几块土坷垃扔了过来，噼里啪啦掉在白眉儿周围。

白眉儿挨了打，心里反而高兴。假如猎人看穿它豺的真面貌，扔过来的就不会是小石子和土坷垃了。他们完全把它当做一条不懂事的前来捣乱的狗了。这正是它所希望发生的误会。它装着是条傻乎乎的狗，不懂得猎人在向它咋呼些啥，更为凶猛地扑向木桩。

它终于到了幼豺身边。幼豺们被麻绳拴在木桩上，好几只幼豺身上血迹斑斑。这是狗爪和人手制造的罪孽。

它绕到木桩后面，这样木桩就能挡住猎人的视线。它狠狠朝前噬咬了一口，当然是咬在麻绳上。麻绳又粗又坚韧，它只咬开了几缕麻丝。它又后退几步，暴露在月光下，再次朝木桩扑咬。

“这瘟狗，要坏了我们的好事了。”

“干脆把这该死的狗崩掉算啦。”

灌木林里传来粗鲁的叱骂声，还传来哗哗拉动枪栓的声响。

“别胡来，别乱开枪，”一个苍老的声音出面阻止道，“打狗要看看主人的面，别稀里糊涂跟谁结下冤仇。再说，打死了金贵的猎狗，你们赔得起吗？”

“可这瘟狗，比猪还笨，撵也撵不走，再让它胡闹下去，那些诱子都会让它给咬死的呀！”

“阿龙，你去，用棍子撵走这瘟狗！”苍老的声音吩咐道。

一个瘦高男人从灌木丛里探出身来，手里提着一根结实的打狗棍，快步朝草甸子走来。

再也不能耽搁了，白眉儿想，一不做二不休，干脆趴在木桩上，拼命啃咬那根麻绳。咔嚓咔嚓，啃咬声响亮而急促。老天保佑，木桩遮住了猎人的视线，他们还以为它是在啃咬幼豺的骨头呢。

瘦高男人挥动棍子气势汹汹赶了过来。

嘣，一声轻微的闷响，那根把所有的幼豺系牢在木桩上的粗粗的麻绳被咬断了。幼豺们虽然彼此间还被细麻绳拴结在一起，但总算摆脱了木桩的桎梏，欢呼着朝白眉儿簇拥过来。

白眉儿急忙跳到幼豺与灌木丛之间，尾朝灌木丛，头朝乱石滩，竭尽全身力气，汪汪汪发出一串撕心裂肺般的狗吠声。声音尖厉刺耳，穷凶极恶得就像一条疯狗。

它要把幼豺们驱赶进乱石滩去。

小家伙脖颈上的细麻绳还没解开，二三十只幼豺互相牵拉着，还处于危险的连环套中。瘦高男人举着棍子逼近了，现在还不到欢庆胜利的时候呢。

欢天喜地的幼豺们受到惊吓，掉转头来朝乱石滩奔逃。

幼豺们只要逃进乱石滩，早就等得心急如焚的母豺们就会不声不响地蹿到自己的宝贝前，迅速咬断它们脖颈上的细麻绳。

白眉儿在后面狂吠乱吼，幼豺们跌跌冲冲朝乱石滩逃。那情景，活像是得意忘形的猎狗在袭击一群丧魂落魄的幼豺。

瘦高男人已追到白眉儿的身旁，咬牙切齿地说："憨狗，把诱子全给放跑了，看我不砸断你的腿！"

木棍贴着地面扫荡过来，白眉儿早有防备，纵身一跃，躲闪开去。

真是节外生枝，就在白眉儿躲闪木棍之际，黄圆和黑圈不知是吓晕了头还是想来帮父豺共同对付瘦高男人，跑着跑着竟转过身来；二三十只幼豺脖颈上的细麻绳都结牢在一根粗麻绳上，还没解开，互相牵扯着，只能往同一个方向跑；猛然有两只幼豺逸出群来朝反方向运动，立刻就乱了套，力量互相抵消，你拉我扯，在原地打转转，谁也走不了。

瘦高男人气咻咻赶上来，暂且把白眉儿放下不管，弯腰就去捡那根粗麻绳。对瘦高男人来说，这叫抓主要矛盾；别让好不容易抓获的幼豺逃散了，这是最主要的，对付一条犯傻的疯狗，怎么说也是次要的。

瘦高男人只要捏牢粗麻绳头，提纲挈领，一大串幼豺谁也休想跑得掉了。粗麻绳头在草灰中扭曲翻滚，像条小麻蛇。瘦高男人捡了一次没捡着，又撅起屁股来捡第二次，糟糕，竟然让他捡到手了。

白眉儿嗖的一声往他的双脚间蹿去，这等于使了个绊子。扑通一声，瘦高男人跌了个嘴啃泥。粗麻绳头从他手中飞脱了。白眉儿也被瘦高男人踢倒，滚得满身都是草灰。

黄圆和黑圈被吓得又回转身去与其他幼豺一起朝乱石滩逃跑。

瘦高男人和白眉儿几乎同时从地上翻爬起来。

瘦高男人眼疾手快，朝白眉儿当头一棍砸下来。白眉儿头一偏，棍梢没砸在它头上，而是落在它一条前腿上，咔嚓一声，腿骨被打折了，火烧火燎般疼。刹那间，它忘了自己正在扮演的狗的角色，在极度疼痛的刺激下，条件反射地扬起脖颈惨嚣了一声。

“呦——”叫声尖厉粗哑，有一种血腥的颤动，够标准的豺嚣。

刹那间，瘦高男人那张驴脸恐怖得扭曲了，眼睛惊骇得像要从眼眶里蹦跳出来，扔下木棍，撒腿就往回奔。他双手擎过头顶乱舞乱招，用颤抖的声音大叫道："是豺……这瘟狗是豺！我们上当啦，快，快开枪！"

这时，幼豺们已经跑进了乱石滩，黑黢黢的乱石滩里一片沙沙声，白眉儿晓得，这是母豺们在啃咬幼豺脖颈上的细麻绳。这需要时间。瘦高男人正处在乱石滩与灌木丛之间的位置，挡住了猎枪的射线，猎人怕误伤同类，所以才迟迟没扣动扳机的。一旦让瘦高男人跑回灌木丛，子弹就会像蝗虫般地飞来，不但它白眉儿将死于非命，母豺和幼豺们也肯定会有大半被乱枪击中，饮弹殒命。

需要一块挡箭牌，瘦高男人是最好的挡箭牌！

白眉儿勾起那条伤腿，用三条腿不顾一切地扑蹿上去。它和瘦高男人相距仅两三米，要是它的一条前腿没被木棍打折，它完全可以扑到他的头顶，一下把他扑倒在地，咬住他的后颈椎，使他没有还手之力。但那条伤腿影响了它的扑跃能力，它虽然使出了吃奶的力气，却只扑到他的腿上，没办法，只好将就着叼住他的腿肚子。

"哎哟，畜生！"

瘦高男人叫了一声，回转身来，双手卡住它的脖子。到底是猎人，不乏胆魄和力气，同它在草灰上滚作一团。

猎枪没有响，这就好，它就是要让猎枪不敢轻易扣响。

瘦高男人显得很有格斗经验，双手死死卡住它的脖颈，使它尖利的豺牙只能咬到月光下湿冷的空气。它的三只豺爪狠命搔抓他的身体，他也不示弱，用手肘叩击它刚折断的那条前腿。碎骨头在伤腿里咔嚓直响，疼得它全身抽搐，三只好爪子也变得绵软，不像在撕扯，倒像在搔痒。

那双骨节粗壮的手掐在它脖子上，掐得它眼冒金星，快喘不过气来了。

白眉儿虽然处境很不利，但并非被动得没法脱身。它可以收缩两条后腿，憋足劲往他胯下猛蹬；它和人打过交道，知道人的胯下部位是个薄弱环节，只要它蹬准了，他一定会痛得松开手，它就可以趁机逃走了。可它只是想想而已，没这样做。它脱身容易，但豺群还没离开乱石滩，还处在猎枪的有效射程里，它必须纠缠住瘦高男人，给母豺们争取到宝贵的时间。

灌木丛里传来长刀出鞘的声响，好几个人影钻了出来，要来帮瘦高男人的忙。

这时，乱石滩传来母豺们如释重负的轻嚣，月光下一长串黑影蹿进离乱石滩不远的树林，树枝无风摇曳，向远方延伸。

白眉儿舒了口气，母豺们终于咬断了幼豺脖颈上的细麻绳，埃蒂斯红豺群获救了！

几位猎人凶神恶煞般地赶过来了。白眉儿不敢再迟疑，两条后腿迅速在瘦高男人胯下一蹬，随着一声惨叫，那双掐住它脖子的手痉挛了一下，白眉儿趁机弹跳起来，往乱石滩蹿去。

它迟了半步，一个光头猎人就在它转身欲逃时赶到它身后，扬起一刀——它只觉得屁股墩上一阵发麻，好像什么东西掉了，也来不及回头看一眼，就一头扎进乱石滩去。

一块一块的大石头立刻吞没了它的身影。

背后传来猎人愤慨的叫骂声，乒乒乓乓，猎枪随即打响了，子弹打得树叶纷飞，打得碎石迸溅。白眉儿贴着大石头绕来拐去，谢天谢地，没让子弹给射中。

猎人为了不暴露埋伏的位置，把猎狗都集中到一个地方拴起来了，要不然的话，它白眉儿断了一条腿，怎么也逃不脱猎狗的追击的。

第十一章　自我毁灭

猎人的呐喊声叫骂声渐渐远了，枪声也停歇了。月亮辛苦了一夜，也沉到山峰背后睡觉去了。危险已经过去，白眉儿这才放慢步子，想喘口气。一阵凉风吹来，它觉得屁股上疼得厉害，习惯性地想摆摆尾巴，好像很不对劲，尾根空荡荡的，少了一样什么东西似的。它侧卧在地，头尾向上翘动，这才看清，自己的尾巴已经给那个光头猎人砍掉了，屁股尖也被削掉一大块肉，滴着血。

虽然断了条腿，掉了条尾，总算没丢掉性命，也是不幸中的大幸。

它在箐沟里找到一丛大叶藤，嚼烂了，吐在山泉旁稀湿的泥土里，用爪子搅拌一下，然后坐上去。这是豺独特的湿土疗法，能止血养伤。

天亮后，尾根的创口终于止住了血。

它一瘸一拐地往前走。它要去追赶埃蒂斯红豺群。它没了尾巴，又断了一条前腿，很难独自在险恶的丛林里生存下去，即使不饿死，也忍受不了茕影孑立的孤独与寂寞。它要回豺群去，那儿有它的妻子和一对小宝贝。

它熟悉埃蒂斯红豺群的活动路线，湿漉漉的草地上滞留着豺群的气味，它嗅闻着，穿过丛林，趟过河流，越过山峦，一路追赶。

夕阳西下时，它来到日曲卡山麓下的尕玛尔草原。湛蓝的天空下是巍峨的雪峰，还没结冰的碧绿的小溪和金色的牧草。豺群的气味在草地上空麇集着，却望不见一匹豺。白眉儿正在纳闷，冷不丁从金色的牧草里齐崭崭升起一片豺的脑袋。

哦，正是它日夜追赶的埃蒂斯红豺群。

白眉儿呦地欢叫一声，颠着那条伤腿奔过去。

——我回来了！我终于找到你们了！

它才奔了几步，就不得不停下来。

气氛很不对头，豺们没有任何欢迎的表示，连蓝尾尖也没流露出一丝一毫重逢的热情。

它又试探着朝前跨了两步。夏索尔跳到众豺前头，用低沉的声音向它长嚣一声。刹那间，所有的成年豺颈项和脊背上的绒毛都竖直起来，眼睛里闪动着一片冷冷的敌意。

白眉儿无可奈何地停下来。它明白了，豺群拒绝它靠拢，也就是说，拒绝它归队。

原因用不着它们解释它也清楚，它们发现了它身上狗的血统，把它看做异类。

这不公平，它想，要不是它冒着生命危险用狗的吠叫和狗甩尾巴迷惑了灌木丛里的猎人，二三十只幼豺此刻还被当做诱子拴在木桩上呢；要不是它及时制止夏索尔鲁莽的行为，绝大部分母豺早就死在猎人的枪口下了；它是幼豺们的救星，也是整个埃蒂斯红豺群的救星！它们理应像欢迎凯旋的英雄那样欢迎它的归来。

不错，它是有狗的血统，它有过两年对豺来说极不光彩的猎狗的历史。但这毕竟已成为过去的事。它现在是地道的豺，要不是面临种群毁灭的严峻关头，它这辈子是不会再发出一声狗吠甩一次狗尾巴的。它自己都差不多把狗的过去遗忘了呀。

它感到委屈极了，呦欧呦欧发出一串凄厉的豺嚣。

豺群无动于衷，仍敌视着它。

这真是一群没有心肝的用花岗岩雕成的豺。

尤其是夏索尔，不断地用舌头磨砺着爪和牙，那套形体语言，分明是在警告它赶快离开，不然的话就要诉诸武力了。

夏索尔肯定在里头捣了鬼，白眉儿想，这逊位的前豺王从来就嫉恨它，一天也没停止过想要复辟倒算。夏索尔肯定利用众豺恨狗的心理，煽风点火，推波助澜，目的就是要把它拒之于豺群外；它离开了豺群，夏索尔就可以重新做豺王了。瞧眼前这架势，众豺呈一字形排列在金色的牧草间，而夏索尔却鹤立鸡群般站立在隆起的土丘上，显然这家伙已经篡夺了王位。

望着眼前的情景，白眉儿真是悔恨交加。要是自己在一年半前众豺拥戴它当豺王时没那份恻隐之心，坚决按埃蒂斯红豺群的规矩办事，把逊位的夏索尔逐出豺群，让它当漂泊荒野无群可归的孤豺，或者贬为地位最低等的苦豺，然后再找个机会让其在险象环生的狩猎中死于非命，今天的事也许就不会发生了。

人类没有后悔药可吃，豺也没有后悔药可吃。

夏索尔不让它归群的目的无非是想抢班夺权，白眉儿想，自己跛了一条腿，还失去了尾巴，捕食能力锐减，相貌也变得丑陋，再做埃蒂斯红豺群的豺王也确实不太合适，只要能同意它归队，它愿意交出权柄，顺从夏索尔的心愿做一个普通的臣民。它爱蓝尾尖，爱黄圆和黑圈，需要一个温馨的家。

它三条直立的豺腿发软发颤，弯曲跪卧在地，呜噜呜噜哀叫着，朝夏索尔不断乞求：

——我愿意当顺民，请收留我吧！

——我拥护你做豺王，请不要遗弃我！

夏索尔高昂着头颅，完全不屑一顾。

白眉儿转过身来，朝蓝尾尖哀叫。蓝尾尖，念我们过去的恩爱，看在黄圆和黑圈的分上，来吧，到我身边来，夫妻团圆，家庭团聚。

蓝尾尖用一种陌生的眼光打量它。

白眉儿不相信一夜之间蓝尾尖就翻脸不认豺，把夫妻恩爱抛却干净。它匍匐着向蓝尾尖爬去。还没等它爬进金色的牧草，蓝尾尖就侧着身子跳到夏索尔身边去了。蓝尾尖也斜着眼，歪咂着嘴，就像在躲避瘟疫；到了夏索尔身边后，蓝尾尖不知是出于一种什么样的心理动机，竟将自己的身体贴着夏索尔的脊梁，脖颈粘在夏索尔的后颈项上；夏索尔伸出舌头温柔地舔舔蓝尾尖的面颊；这是典型的母豺受到惊吓后向有力量的公豺求救，公豺在安慰体贴的场景。

白眉儿脑袋里爆出一团金星，气得差不多七窍生烟了。它也是一匹血性公豺，忍受不了这般奇耻大辱。它火从心头起，恶向胆边生，嗖地跳起来，朝夏索尔扑过去。咬死这复辟篡位的蟊贼，夺回豺王宝座，杀一儆百，威慑众豺，看谁还敢用看狗的眼光来看它！

它虽然跛了一条前腿，还失去了能在空中保持身体平衡的尾巴，但威风尚在，厮杀的经验尚在，委屈和愤懑又使它爆发出无限的勇气和蛮力。它扑跃得那么漂亮，像道新生的虹，在空中画出一道耀眼的弧线；它的落点选得那么准确，直刺夏索尔的颈椎；它的动作那么迅疾，如雀鸟起飞，不但散在金色牧草里的众豺没反应过来，连夏索尔也来不及回转神来，呆呆得像只犯傻的企鹅。

白眉儿此时虽还跃在空中，心里却已有一种稳操胜券的快慰，它张开颌骨，亮出尖利的犬牙，一挺腰，像鱼鹰似的脑袋向下刺将下去；它肯定能一口咬中夏索尔的颈椎，它的爪和牙已经用仇恨的镪水淬过了，只消咬这一口，就能让夏索尔永远也休想再站起来。

就在这时，金色的牧草间蹿起一条红色，像片炙热的火焰，烧到它那条还没受伤的前腿。它半途摔下来，没扑中夏索尔，而是落在夏索尔前面约一米远的一丛枯萎的野罂粟花里，咬了一嘴泥土。它不明白发生了什么事，惊讶地望过去，哦，是蓝尾尖站在它和夏索尔中间。它明白了，十分熟悉它眼神和脾性的蓝尾尖及时窥见了它内心的冲动，晓得它要反抗了，在其他豺还没来得及醒悟的一瞬间，起跳阻截了它的噬咬。

白眉儿心里一阵绞痛，一阵麻木，又一阵绞痛，又一阵麻木；绞痛和麻木的感觉交错袭来，就像被剧毒的金环蛇咬中了似的。它爱蓝尾尖，愿意为蓝尾尖和一对小宝贝去死，可换来的是什么呢，是绝情绝义！我赠你美味的羊肝，你还我有毒的蝎子。它的心碎了。它气得两眼发黑，恍然间蓝尾尖幻变成了一条双头怪蛇，咝咝吐着两道鲜红的蛇芯子，一道瞄准它的肉体，一道瞄准它的灵魂。它要咬死这匹绝情绝义的母豺，就像咬死可怕的双头蛇一样。你不仁我不义这才算公平交易。它意念朝前跃动，但身体却在原地纹丝不动。它吃了一惊，低头一看，这才发现自己另一条前腿被蓝尾尖咬脱了臼，小腿骨在豺皮下晃荡着，已经没法再复原了。

它悲愤地朝蓝尾尖发出一声长嚣。

豺们从呆愣状态下回过神来，哗的一声把白眉儿围了起来，每一匹成年豺眼中都蕴涵着杀机。

白眉儿那颗似豺非豺似狗非狗的心凉成了冰坨子。它彻底绝望了。看来，不仅仅是夏索尔想篡位而趁机陷害它，埃蒂斯红豺群每一匹成年豺都恨它，都不能容忍它的存在。因为它身上有狗的血统，因为它曾经做过狗；豺和狗是水火不相容的。

妻子没有了，儿女没有了，家毁了，两条前腿又都断了，它完蛋了，彻底完蛋了。突然间，它扬起脖颈，发出一串汪汪汪的狗吠声。这是绝望的疯狂，是毁灭的发泄，是变态的撒野。它活不成了，它也不想活了。

汪汪汪，汪汪汪。

我就是狗，就是地道的猎狗，来吧，扑上来吧，野蛮下贱的豺！来吧，撕碎我，咬断我脆弱的喉管，喝我的血，吃我的肉，来吧！

汪汪汪，汪汪汪。

你们不是最恨狗吗，你们不是每匹豺身上都有一本狗的血泪账吗，那么就请来吧，用你们肮脏的豺爪豺牙，在我身上发泄你们对狗的世仇宿怨吧！地道的狗吠声在静谧的草原传播得很远很远。一轮红日给这悲怆的狗吠声涂上了一层浓重的血色。

夏索尔没有扑上来，众豺也没有扑上来。恰恰相反，夏索尔一步步朝后退却，众豺撤消了包围圈，也跟着退进了金色的牧草中。

猛地，豺群一齐掉转头去，飞也似的朝远处一条幽深的山谷跑去。

它们离开它了，它们抛下它了，它们遗弃它了。它发疯般地汪汪汪乱吠乱叫，想激怒它们豺的听觉神经，但无济于事，远方的山谷出现一群跃动的小黑点，再过了一会儿就什么也看不见了。

它孤独地躺在尕玛尔草原上，它不知道自己究竟是狗还是豺。它做过狗，也做过豺，做狗的时候是条好狗，做豺的时候是匹好豺，遗憾的是，狗也不让它做，豺也不让它做。它觉得自己是非狗非豺的怪胎。

它的两条前腿都断了，它站不起来了，它只能在地上慢慢爬行，它连最笨拙的穿山甲也追撵不上了，它会活活地饿死在这里的，它伤感地想。

天色渐渐暗下来，火红的晚霞变成深紫色的云块，又是令豺烦躁的白天与黑夜交割的时光。

突然，它看见暮色苍茫的草原上，有一群小红点奔驰而来，很快，它嗅到了一股它十分熟悉的同类的气味。它简直不敢相信自己的眼睛和鼻子，是埃蒂斯红豺群回来了！

它们是良心发现准备接纳它回豺群呢，还是舍不得它这身鲜美的狗肉狗血狗杂碎，想来个狗肉宴会？

不管怎么说，总比把它孤零零地抛在荒野上要好得多。

豺群在离它五十多米远的地方停了下来。二三十只幼豺从队伍里走出来，鱼贯地来到它面前，每只幼豺都伸出细嫩的舌头，舔了舔它的面颊。

这是它暴露了自己狗血统的秘密，冒着生命危险从猎人枪口下救出来的幼豺，是埃蒂斯红豺群的未来。

那委屈的心境，总算有了一丝安慰；那生命的付出，总算有了一点补偿。

其他幼豺舔过它之后，又鱼贯着返回队伍去，唯有黄圆和黑圈还恋恋不舍地站在它面前。

它们年岁尚小，还不懂得什么叫出身什么叫血统什么叫成分什么叫阵营。

蓝尾尖叼着一只野兔走了过来，将野兔送到它嘴边，凝望了它很长时间，然后领着黄圆和黑圈走了。

白眉儿听到一丝唏嘘和叹息。

埃蒂斯红豺群再次消失在草原尽头那条幽深的山谷里。白眉儿知道，这一次，它们是真的走了，永远也不会再回来了。

它知道他们迟早要来的。

人类的报复心比兽类要强得多，它从他们鼻子底下救走幼豺，对他们来说，无疑是一种奇耻大辱。人类总是自以为是，有一种根深蒂固的观念，就是觉得自己是天地之灵杰，万物之主宰，比野生动物要高明得多。现在突然间被一匹豺骗了，好不容易捉到的诱子被一匹豺用乔装蒙骗的手段救走了，人的自尊心当然会受到损害。这不仅仅是丢了几张豺皮的问题，还在动物面前丢了面子。

面子对人来说，有时比性命更重要。

它知道他们一定会跟踪追撵而来的。它想象得到，他们看到一匹豺假扮成狗轻而易举地把他们坑骗了，一定气得七窍生烟，赌咒发誓要报仇。他们决不会放过它的。

人类既食草又食肉，是一种杂食性动物，身上有一股特殊的混合型气味。它耸动鼻翼，闻到人的气味正走下日曲卡山麓往尕玛尔草原走来。人的气味越来越浓，还伴随着狗的吠叫。它没有动，静静躺卧在金色牧草中。它的两条前腿都断了，是无法逃过猎狗追捕的。再说，埃蒂斯红豺群拒绝它归队，它已失去了一切，生命早就可有可无了，它还害怕什么呢?

来吧，装满火药铅巴的猎枪；来吧，豪情壮志的猎狗；来吧，怒火填膺的猎人!

凶猛的猎狗很快把它围了起来。

它的两条前腿断了，只好坐在地上，挺直身体，高昂头颅。

几个猎人端着猎枪，一步步朝它逼近；它不认识他们，他们不是猎户寨的村民。

“就是它!”瘦高男人神经质地大叫起来，“就是这畜生，装扮成一条狗，装得好像哎。”

“不错，是它。”光头猎人从兜里掏出一条毛茸茸的尾巴来，晃了晃，证实道，“瞧，这是我从它身上砍下来的尾巴，毛色金黄，和它身上的毛一模一样。嘿，你们不信的话可以看它的屁股墩，光秃秃，血糊糊的，没尾巴的豺。确实是这家伙装扮狗坏了我们的好事。”

白眉儿瞧见了自己的尾巴，要是它能蹿跳起来，它一定要夺回自己尾巴的。

十几条猎狗虎视眈眈地望着它，围着它不停地绕着圈子，只等主人一声吩咐，就准备扑上来把它撕成碎片。

“嘿嘿，好聪明的豺，会装狗叫，还会摇狗尾巴。你有本事现在再骗我们一次嘛。”瘦高男人讥笑道。

“是啊，是啊，你这狡猾的畜生，你有本事现在从我们枪口和猎狗的包围圈再逃走，算我服了你了。”光头猎人嘲讽道。

“我以为你是什么了不起的东西，嘿，闹了半天，还不是要被我们捉住，活剥你的皮，活抽你的筋，活开你的膛！”一个白头发猎手用苍老的声音幸灾乐祸地说道。

白眉儿坐在原地，一动不动，等待着猎枪炸响。

“跟这畜生啰嗦什么呀，打穿它的脑壳，剁碎了喂狗，解解我们的心头之恨！”另一个猎人说。

三四支猎枪同时举起，瞄准了白眉儿脸颊上那块醒目的白斑。

“别开枪，让我看看是什么东西。”

突然，这伙举枪准备射击的猎人背后传来一个洪亮的声音，围成圈的猎人和猎狗闪开了一条通道。一个气宇轩昂的汉子迈着矫健的步伐走进圈内，来到白眉儿面前。白眉儿一眼认出他就是它昔日的主人阿蛮星。

阿蛮星皱着眉头，仔细地打量它，又抬头望望天空，默默地沉思着。

“我看，这不像是豺，倒像是狗。”过了一会儿，阿蛮星缓缓地说道。

“不不，阿蛮星，它确实是匹豺。”光头猎人分辩道，“我们亲眼看见它放跑了那窝幼豺，我还亲手砍下了它的尾巴，你瞧！”

断尾在空中抡出一片炫目的金黄。

阿蛮星仍摇着头说："我看不像是豺。豺都是红毛，它是黄毛；豺嘴都尖得像锥子，它嘴圆得像橄榄。你们是误伤了它。"

"它确实是豺，我用木棍敲断它前腿时，它发出一声豺嚣，好吓人哪。"瘦高男人说。

"唔，我相信它是狗。"阿蛮星说着，把手中的猎枪扔给光头猎人，空着手缓慢地向白眉儿靠近；他摊着两只手掌，大概是想表明他手中没有武器，因此也就没有伤害它的阴谋；他的目光流露出一片温情，显得和蔼可亲，"唔，我知道你不是豺，我知道你是条好狗，愿意跟我回家去吗？我会给你搭间温暖的狗窝，养好你的伤。"

白眉儿虽然无法听懂昔日的主人嘴里发出的每一个音节的确切含义，但基本意思还是猜得出的：他让它苦海无边回头是岸，重新做一条狗。他的表达善意的手就在它面前，只要它伸出舌尖象征性地去舔一下，然后发出一串柔和的狗的吠叫，它就算从濒临死亡的境地解放出来了。不仅能保全性命，阿蛮星还有办法治好它腿上和屁股上的伤。舔一下手掌，发几声狗吠，对它来说，简直是小菜一碟，不费吹灰之力就能办到。它重新做狗，这并不困难，它原本就有狗的血统，曾经做过两年猎狗，重操旧业罢了。它救过阿蛮星的命，相信阿蛮星绝不会再亏待它了。

一种对生命的依恋，一种不甘心灭亡的本能，使它冲动地伸出舌头来。

“来吧，我晓得你不想死的。我们可以重新开始生活。你会成为一条好猎狗的。唔，你治好伤后，能帮助我们剿灭那群恶豺的。”阿蛮星说得很诚恳。

白眉儿打了个寒噤，伸出一半的舌头又缩了回去。豺和狗是水火不相容的两极，它不能一会儿做豺，一会儿又去做狗。眼前这个人，害得它妻离子散，好多匹公豺、母豺和无辜的幼豺都死在他的手里，还差点使埃蒂斯红豺群种群灭绝，他的双手蘸满了豺的鲜血，他是名副其实的屠宰豺的刽子手。它怎能回到他身边再做他忠诚的猎狗？

生命固然重要，但世界上确实还存在着一种比生命更重要的东西。

它的嘴向前刺探，不是用舌头舔吻，而是用利齿噬咬。它的两只眼睛高高吊起，目光凶狠，充满憎恶，显露出桀骜不驯的野性，完完全全是一副豺相。

阿蛮星的反应比它想象的要快得多，闪电般地缩回手去，它只咬到一团空气。他不愧是个机敏的猎手，它想，其实他心中早有防备的。

瘦高男人和光头猎人见状冲将上来，用枪管捣它的嘴，把它的牙齿也叩断了好几颗。

“我说嘛，这畜生就是十足的豺。”瘦高男人说。

“唉，”阿蛮星深深地叹了口气，“到底是豺窝子里出来的，改得了叫声，改得了毛色，改不了一颗豺心啊。”

“这就叫江山易改，秉性难移。”白头发猎手说。

“呦欧——呦欧——呦欧——”

白眉儿发出一声声豺嚣，那嚣叫声尖厉刺耳，夹带着野性的韵味，弥散开血腥的气流，令人毛骨悚然。

猎人纷纷后退，猎狗汪汪汪咆哮起来。

“呦欧——呦欧——呦欧——”

我是豺！我是地道的豺！我是标准的豺！我是彻头彻尾的豺！

“这确实是匹豺，是匹疯豺！”光头猎人手指压着扳机说，“阿蛮星，它叫得太瘆人了，崩了它吧？”

阿蛮星喟叹一声，转过身去，举起右手，做了个有气无力的劈斩动作。

“砰，砰砰砰。”

白眉儿只觉得胸膛一阵发热，眼前的金色牧草还有猎人和猎狗都在摇晃。它用尽最后一点力气，把脸移向日曲卡雪峰，那儿是埃蒂斯红豺群出没活动的地方。

“呦欧”，它发出最后一声豺嚣，鲜血从嘴腔里迸出来，与惊心动魄的嚣叫声搅和成一团，撒向苍凉的群山和荒蛮的草原。

猎狗蜂拥而上，撕扯着它还没冷却的身体。

动物档案

豺

豺

[豺的拉丁文名称]

Cuon Jauanicus

[豺的动物学分类]

豺，哺乳纲，食肉目，犬科，豺属。豺又叫豺狗，由于它的毛是红色，故又称红狼。豺在动物分类上虽然与狼、家狗同属犬科，但另成一属，原因有三方面:一是豺比犬属动物少两枚牙齿，只有 40 枚牙齿；二是比犬属动物多 4~6 个乳头，共有乳头 14~16 个；三是足踵、足垫之间生有长毛，而犬属动物没有长毛。

豺分好几个亚种，最名贵的要算银背豺了，仅产于西伯利亚。银背豺体毛较之其他豺柔软细腻得多，最明显的特征就是在棕红的背毛间镶嵌着一条纯白的毛带，从颈椎一直延伸到尾根，就像披着一条华丽的银带。

[豺的地理分布]

豺的分布比较广泛，我国西南、华南、东北等地都有豺的出没，俄罗斯西伯利亚地区、蒙古、印度、印度尼西亚、马来西亚和泰国等地也有豺活动的踪影。

[豺在自然界的位置]

豺是典型的中型食肉兽。豺身体较狼小，若就个体力量来排序，理应排在大自然这根食物链的中端。但豺性凶猛，喜群居，一群豺少则十几只，多则上百只，别看它们个子不大，但集合起来的豺群比狼更凶猛，可以说是所向披靡，不仅能伤害水牛，还时常向熊、豹、虎等发起攻击。而狼一般是不敢主动与这些庞然大物为敌的。老虎虽有“森林之王”的美誉，但要是遇到豺群，也会知趣地悄悄避让开。从这一点说，豺群才是真正的森林之王。

豺既捕活物，也嗜食腐尸，对食物不挑剔，遇到什么吃什么，属于饲料粗放型动物。它与秃鹫、乌鸦并列为森林三大“殡葬工”。

[豺在人们心目中的地位]

大家公认的是，豺从不伤害人类。至今世界上没有豺吃人的记录。尽管如此，人们对豺却从无好感。豺狼虎豹、豺狼横行、豺狼当道，豺在恶兽中排行首位，似乎是恶贯满盈的代名词。

早在十八世纪法国著名博物学家布封就在《动物素描》这本书里形容豺是“集中了狗的无耻和狼的卑劣，兼具二者的天性，仿佛只是二者所有恶劣素质的丑恶组合”，并把豺比喻为“四足动物中的乌鸦”。

[豺的行为特征]

豺尾巴比狼尾巴大，但没有狐尾蓬松;耳朵较小，四肢也较短，体毛厚密而粗糙；体色通常棕红，尾末端黑色，腹部和喉白色，有时略杂有红色。

豺一般栖息在山地森林地区，它不会筑巢，常居住在岩隙或天然洞穴中，或隐藏在灌木丛中。多半在早晨和黄昏活动，袭击小型及中型兽类。

豺有一个在所有犬科类动物中绝无仅有的狩猎技巧，那就是掏猎物的肠子。当遇到水牛这样的大型草食动物，豺无法对其实施致命撕咬时，豺就会采取从背后偷袭的战术。

一般先由几只担当佯攻的豺从正面扑咬水牛脖颈，先把水牛的注意力吸引过来。豺群中体格最强壮、身手最敏捷的豺王则绕到水牛背后，突然扑到水牛屁股上，身体像蚂蟥一样牢牢叮在牛身上。豺嘴叼起牛尾巴，腾出一只前爪，使劲捅进牛的肛门，直捣牛的肚子，钩状豺指揪住牛肠子，就像拉线团一样将牛肠子拉出来。另有两只豺立刻赶过来帮忙，叼住牛肠子拼命拉扯，水牛越挣扎，那肠子被拉出得越快。豺不仅活掏牛肠，还活吃牛肠，再健壮的牯子牛，一旦遭豺掏肠，很快便成了一堆任豺宰割的牛肉了。这办法虽然有效，但很下流也很龌龊，这大概也是豺名声不好的一个很重要的原因。

[豺的趣闻逸事]

动物园里的动物都有户籍，都有固定的口粮。豺是肉食动物，在动物园里每只豺每天供应一公斤半生肉。但每只豺一星期所供应的生肉总数却不是 1.5×7＝10.5 公斤，而只有 9 公斤。那是因为一个星期里有一天要停止给豺喂食，换句话说，豺每七天就要饿一天肚子。之所以这样，并非为了节省经费，也不是有意要为难或虐待豺，而是为了适应豺在野外的进食节奏。

生活在山林里的野豺，虽然生性比狼更凶猛，成群时敢攻击黑熊、金钱豹之类的大型猛兽，但并不是天天都能获得猎物的，挨饿是常事。据动物学家野外考察的数据显示，豺平均六七天里有一天几乎一无所获。凡饲养豺的动物园，都遵循一星期停食一天的喂养方式。

南方沿海有座新兴城市，新建了一座动物园，养了一窝豺，饲养员缺乏经验，每天都给豺喂食，结果豺懒洋洋整天无精打采，还闹起病来，短短两个月时间竟病死了三只豺。请专家来会诊，专家没有开药方，只是建议每星期停食一天，结果没多长时间，病豺就恢复了健康，豺们精神焕发，整个豺群生机盎然。对豺来说，适度的饥饿感，已成为它们适应环境的一种生理机制。

[我与豺的亲密接触]

我在西双版纳野生动物救助站工作过一段时间。有一次，当地一位村民上山采药，捡到一只刚出生不久的小豺，便将它抱到救助站来。领导让我负责喂养这只幼豺。我用奶瓶喂它喝牛奶，喂了三个月牛奶后，就改喂肉糜。

虽然我天天抱它，可我并不喜欢它。我发现豺生来就不讨人喜欢。它模样像狗，但可爱度却比狗差远了。我是它最亲近的人了，可它从来不会像狗一样热烈地朝我摇尾巴，见到我跨进笼舍，它从来不会像狗一样扑进我怀里来撒娇。我喂它东西吃，它吃饱了就盘着尾巴蹲坐在地上，一次也没有伸出舌头舔我裤腿以示感谢。我要离开笼舍了，它也从不会在我膝边缠绕表现依依惜别的情感。我觉得它的性格有点像冷血动物。我一直认为我与这只小豺纯粹是饲养员和动物的关系，我投喂食物，它接受食物，如此而已，彼此冷漠而疏远。

这时，朋友送我一条小狗。这是一只毛色雪白的北京犬，也是四个月大，名字叫雪球，可讨人喜欢了。我在它嘴里塞块牛肉干，它尾巴就会摇得像活蹦乱跳的泥鳅，我一叫它名字，它就会欢天喜地往我身上扑，我抱它，它就会感恩地在我脸上舔来舔去。我理所当然喜欢雪球，上班也带着它，有几次给小豺喂食也带它一起去。

让我气恼的是，小豺第一次见到雪球就像见到敌人一样，龇牙咧嘴咆哮。我把雪球留在笼舍外，自己钻进笼舍给小豺喂食、饮水和打扫卫生。但只要我是带着雪球一起来的，小豺便对我投喂的食物置之不理，扑到笼舍的铁丝网上，追逐着雪球的影子，狂嚎乱叫，将铁丝网咬得咔咔响。直到我抱着雪球离开，它还要嚎半天，才去吃东西。狗与豺并非天生就是冤家对头，我不晓得小豺为何这么恨雪球。

有一次，我带着雪球去给小豺喂食，我进笼舍时，一不留神，雪球也跟着溜进笼舍来了，我刚想将雪球撵出去，已经迟了，小豺旋风般扑到雪球身上撕咬起来。雪球根本不是小豺的对手，很快狗脸被抓破了，狗耳也被咬出了血。我赶紧把雪球抱起来。小豺仍不依不饶，拼命蹿跳，跳到我身上来咬雪球。我恼了，飞起一脚将小豺踢倒，又一脚将它踢到墙角落里，粗声粗气呵斥几声，这才算制伏了它的野性。

可我没料到的是，小豺居然拒食了，垂头丧气缩在角落里，谁喂它东西它也不吃。我去笼舍，它委屈地朝我呜呜低嚎，也不肯吃我塞给它的东西。几天后，小豺骨瘦如柴，委靡不振，在生死线上徘徊了。

我们是野生动物救护站，有责任善待每一只需要救助的野生动物。没办法，只好请兽医钱医生来诊治。钱医生与野生动物打了二十多年交道，知识渊博，他听完我的叙说，检查了小豺的身体，笑着对我说，它身体没病，它患的是心病，心病须用心药医啊。钱医生教了我一个办法，我权衡利弊得失，勉强答应了。

这天早晨，我把小狗雪球牵到饲养小豺的笼舍外，突然举起皮带抽打雪球，边打边粗声粗气呵斥。雪球莫名其妙受到惩罚，委屈地哀叫，但出于狗无条件服从主人的本能，仍黏黏糊糊想钻到我怀里来。我咬咬牙，飞起一脚，将雪球踢出一丈远，并咬牙切齿地骂：滚！雪球呜咽着夹着尾巴逃跑了。就在我粗暴对待雪球的过程中，奇迹出现了，小豺竟然抖抖索索从角落钻了出来，饶有兴趣地看我表演。

我把雪球打跑后，进到笼舍，将稀饭煮肉糜倒进瓦盆，不用我催，小豺便狼吞虎咽吃了起来。钱医生的判断是对的，小豺觉得我把爱从它身上转移到雪球身上，出于嫉妒，才仇视雪球；我当着雪球的面骂它踢它，虽然它身体的伤害微乎其微，但心灵却遭到巨大创伤，所以才拒食。我过去以为豺冷漠无情，看来我对豺的了解太肤浅了，豺其实是懂感情的，只是不像狗那么善于表达而已。

[豺的生存现状]

由于世俗偏见，豺一向不受人们重视，生存极为艰难。滇北高原过去常发生豺群侵袭牲畜的事，但中科院动物研究所 2002 年派出一支科考队到迪庆州考察，历时六十一天，竟连一只豺也没见到。

西伯利亚珍贵的银背豺，上世纪七十年代还有约三千只，到了 2003 年，仅剩不到四百只了。豺目前在我国已列为二级保护动物。

[关于豺的寄语]

豺字由一个“豸”字和一个“才”字组成，“豸”字在古义中泛指兽，这两个字搭配在一起，是否可以这么理解，这是最有才能的一种兽类？这样说文解字，或许有点牵强附会，但豺群确实在所有兽群中纪律最严格、组织最严密、等级最森严的;豺群中有豺王，有兵豺，有保姆豺，还有随时准备为族群利益牺牲自己的苦豺，就像一个完美的准军事组织。

每一种动物能够活到今天，都是生命进化过程中的佼佼者。我们应当感谢上苍赐予我们人类丰富多彩的自然景观，千万别因为无知和偏见而让豺这样一种高智商野生动物在我们手中灭绝。

动物小说大王

沈石溪

◎ 闯入动物世界

◎ 获奖记录

◎ 珍藏相册

闯入动物世界

沈石溪

我写动物小说，经常收到读者来信，除了热情洋溢的鼓励外，便是好奇地询问我所写的动物故事是不是亲身经历。我的回答是肯定的。

我十六岁时，刚好遇到知识青年上山下乡运动，城里的青少年通通被赶到农村安家落户，我也在母亲和姐妹的哭泣声中告别上海，来到云南西双版纳一个名叫曼广弄的傣族寨子。

那儿远离市镇，地广人稀，四周都是密不透风的热带雨林，享有植物王国和动物王国的美誉。下田耕作，白鹭和孔雀就在身边盘桓；上山砍柴，经常能遇见马鹿和岩羊。那儿不仅野生动物数量众多，还能感受到人类与动物浓浓的血缘亲情。巫师跳神，使用的就是用虎豹豺狼狗牛马猪羊骡鹿麂十二种走兽的二十四颗髌骨制成的大念珠；寨门雕刻着白象和黑熊，家家竹楼的墙壁上都挂着野牛骷髅；婚礼上的贺词是：新郎像牛一样憨厚，像猴一样机敏，像山豹一样勇敢，新娘像孔雀一样美丽，像双角犀鸟一样贤惠，像银背豺一样善于操持家务抚养自己的孩子；葬礼上的随葬物品大都是木雕的飞禽走兽，仿佛不管是在阳间还是在阴间，与动物相伴才是完整的人生。

当地还流传着许许多多有关动物的趣闻逸事，什么水牛抵死前来扑食牛犊的老虎啦；什么象群在干旱时用长鼻子汲水，帮助一位曾经救过一头乳象的老汉浇快要枯死的包谷地啦；什么狗熊穿起偷来的人的衣裳，把不明事理的羊群赶进深山啦，这样的故事多得就像树上的叶子，怎么也采不完。

我在曼广弄寨子生活了六年，为了生存，养过牛，赶过马，带着鱼鹰到澜沧江捉过鱼，牵着猎狗到布朗山打过猎，几乎天天和动物打交道，亲眼目睹了许多感人肺腑的动物故事。

有一次，我爬到树上掏鸟窝，不小心碰落了马蜂窝，愤怒的大马蜂追得我无处躲藏。我忠实的猎狗奋不顾身地冲上来，朝空中吠叫扑咬，使我得以趁机逃脱，而我的猎狗却活活被马蜂蜇死了。

还有一次，我被一群别名叫红狼的豺狗围困在一棵孤零零的大树上，整整两天滴水未进、粒米未沾，饿得快虚脱了。我养的一只猎鹰从寨子飞到森林里来找到我，又飞回寨子向村长报警，领着猎人把我从绝境中救了出来。

这一段不平凡的生活经历，为我提供了丰厚的创作素材。

我的第一篇动物小说写于1979年，那时，我在西双版纳军分区任新闻干事。有一天，过去同寨插队的一位同学来串门，告诉我一个消息，寨子里那位为土司养了半辈子大象的老象奴死了。我在农村当知青时和那位老象奴很熟，据说他听得懂大象的语言，能和象对话，再桀骜不驯的野象，经他的手调养，也会变成听话的家象。我还曾听他亲口说过，他曾因不忍心让土司来锯象牙而放跑过一头大象。

报告消息的那位同学走后，我夜不能寐，老想着老象奴。他养了一辈子大象，死后应当还和大象有点瓜葛，人生才算画上圆满的句号。我觉得被他放跑的那头大象应当从密林深处跑回寨子，在老象奴的坟墓前哀嚎三声，以示祭奠。想着想着，想出一篇小说来，取名《象群迁移的时候》。稿子写好后，投寄北京《儿童文学》，半个月就有了回音，编辑来信大大称赞了一番，鼓励我继续写这类有鲜明地域色彩的动物小说。

真正给我在读者中带来声誉的是《退役军犬黄狐》。

1983年春，我到关累边防连队采访。一天，上级命令连队立即派遣一支小分队，到中越边境原始森林拦截一伙武装贩毒团伙。我有幸参加了这次行动。

要出发时，一只在哨所养了十年早已退役的军犬非要跟着我们一起去执行任务。这是一只衰老得快要去见狗上帝的老狗，脖颈和尾巴上的毛都脱落了，脸上有一条三寸长的伤疤，一条左前腿还被弹片削掉一小截，走起路来有点瘸。大家怕它年老体衰会添麻烦，不愿带它去，就把它锁在狗棚里。

没想到，我们出发三个小时，刚来到伏击地点，那只老狗不知怎么弄的，竟然从上了锁的狗棚钻出来，出现在我们面前！没办法，只好让它留下。

半夜，那伙武装毒贩果然出现在国境线上。战斗打响后，其他几名毒贩子都被打死或活捉了，唯独有一个毒贩子趁着天黑，滚进几十丈深的箐沟。那条老狗狂吠一声蹿进了箐沟。箐沟响起三声枪声和毒贩子的号叫。我们赶紧下到箐沟，拧亮手电筒一看，那只军犬脖子中了一枪，身上中了两枪，倒在血泊中，但狗嘴还紧紧咬住毒贩子不放。

战士们围在军犬身边唏嘘不已，军犬饲养员反反复复地唠叨："别看它是不会说话的畜生，可它比人聪明，比人还懂感情！"战士们告诉我，这只军犬立过两次战功，狗脸和那条前腿就是被地雷炸伤的。它已退役三年，按照规定，可以回军犬学校颐养天年，终身享有伙食津贴。可它两次从军犬学校跑回哨所来，最后义无反顾地死在战斗岗位上。

第二天，边防连队为这只军犬举行了隆重的葬礼，许多人都流下了眼泪。就在葬礼上，猛然间我心里涌起一股神秘的冲动，觉得这只军犬本身就是一篇非常棒的小说，于是，就写成了《退役军犬黄狐》。这篇作品在上海《少年文艺》上刊登后，我收到上千封读者来信，成了我最受读者欢迎的一篇动物小说。编辑也大加赞赏，说这篇作品立意新颖独特。

我总算悟出一点什么了，文学的新意，不是赶时髦追浪头的新闻学意义上的新，而是作家特殊的生活经历，就是别人所没有的东西。文坛是百花园，假如你也种玫瑰，我也种玫瑰，百花园变成了一花园；虽然玫瑰很名贵，却会因为重复而变得单调乏味。人家种玫瑰，我种矢车菊，虽然矢车菊没有玫瑰娇艳芬芳，却会因品种新而受到人们的青睐。在文学的小路上拥挤，重要的是寻找到自己。

1984年，徐怀中先生在解放军艺术学院创办文学系，并以总政文化部长的身份出任文学系主任，首届招收三十五名学员，我有幸考了进去。我的同班同学中有许多人后来都成了文坛的佼佼者，如莫言、王海鸰、李存葆、宋学武、朱向前、黄献国、李本深、崔京生等。

怀中先生的办学方式别具一格，也许可以归纳为三句话：开阔眼界，广泛比较，慎重选择。为此，他以开阔的胸襟邀请各届人士，为我们举办名目繁多的讲座。从卡夫卡的荒诞派、加缪的悲观哲学、萨特的存在主义到人体特异功能，都可以在我们的讲台上一展风采。讲课的形式也让人耳目一新。有的老先生正襟危坐，而有的青年教师则跳到高高的桌子上，手舞足蹈，用别致的身体语言渲染他新颖的见解。有时前后两个讲座刚好观点针锋相对、风格截然相反，迫使我们的思维进行全方位的急遽跳跃。

我感到了前所未有的放松和自由，觉得自己得到了最大限度的精神解放。文学系两年的深造，对我的创作而言，不啻是给了一架登高的梯子。

灌了满脑子五花八门的文艺理论，我很自然地把这些理论当做一面面镜子，对照我以往的创作。我发现自己以前写的动物小说基本上都是在动物和人的恩怨圈里打转，是在人格化的动物形象上原地踏步。再继续写下去，无疑是炒冷饭。再说，西双版纳可写的动物种类已被我写得差不多了。我感觉到了创作危机，老路已经走完，新路还未开挖，急得只想撞墙。

我决心在动物小说这个领域里闯出一条新路来。

在文学系我囫囵吞枣般地阅读了大量生物学、动物学、动物行为学等方面的书籍。其中有四本书对我影响最大，一本是美国的威尔逊写的《新的综合》；一本是诺贝尔医学和生理学奖获得者、奥地利的劳伦兹写的《攻击与人性》；另两本是英国的莫利斯写的《裸猿》和《人类动物园》。捧读这几本书，我有一种跋涉于沙漠巧遇甘泉的惊喜感觉。威尔逊所创立的社会生物学说惊世骇俗的观点对我有一种振聋发聩的效应，而劳伦兹与莫利斯这两位杰出动物学家对动物世界所做的精湛研究，为我观察动物、提炼主题、结构故事开拓了一个崭新的角度。

我发现自己过去对动物的理解很肤浅。动物并不是仅为人类而活在这个地球上的，它们还有一个属于自己的弱肉强食的生存圈，完全可以在丛林法则这个色彩斑斓的舞台上塑造动物的本体形象。

此外，人类社会的许多弊病和问题，例如战争、种族歧视、资源掠夺、两性差异、权力纷争、攻击行为、恃强凌弱等等，既可以用社会学观点在大文化中寻找到合理的解释和答案，亦可用动物学家的眼光从生物层面破译出原始起因。从这个意义上推论，动物小说的认识价值不仅可以超越科普知识，还可以超越“人还不如动物”这样一种照镜式忏悔，完全可以同问题小说、哲理小说相媲美。

基于这两点体会，我写出了短篇动物小说《象冢》和中篇动物小说《暮色》。我自己觉得，这是我动物小说创作的一个新起点。首先，这两篇小说纯写动物，没有人类出现，故事和情节源自动物特殊的行为本身，而不是来源于道德规范。在《象冢》里，母象巴娅面临母爱和情爱发生尖锐冲突时，毁灭情爱而成全母爱；在《暮色》中，豺们为了种群的利益而牺牲年老体弱者。这类主题，触及我们久已掩抑的一些人性层面，引发读者对人自身的生存状态的思索。其次，在写法上，我改换叙述角度，运用严谨的逻辑推理和合情合理的想象，模拟动物的思维感觉，进行心理描写。

这个尝试，应该说是成功的。小说发表后，引起广泛关注，有的评论家指出：这两篇作品都从动物的特性着眼结构故事，对动物行为的自然动机观察入微，蕴涵着深刻的哲理，且没有将动物人化的痕迹，堪称纯正地道的动物小说。

挖十口浅井，不如挖一口深井。我找到了一条属于自己的路，就坚定不移地走下去。从此以后，我基本放弃了其他题材的创作，专心致志于动物小说的创作。当时我已调到成都军区政治部文艺创作室工作，为了获得动物世界的第一手资料和新鲜的生活感受，我把西双版纳野象谷、哀牢山野生动物救助中心、昆明圆通山动物园作为基地，规定自己，无论工作怎么忙，每年必须抽出三个月时间到这三个基地体验生活。

经过数年努力，我陆续写出了一批给我带来声誉的动物小说。《第七条猎狗》、《一只猎雕的遭遇》、《红奶羊》、《鸟奴》先后获得中国作家协会举办的优秀儿童文学奖。

从1993年开始，我的作品陆续被介绍到台湾，至今已累计在台湾出版三十余种动物小说集，十二次获《民生报》、《国语日报》、《幼狮少年》、台北市立图书馆、台湾儿童文学学会联合举办的“好书大家读”优秀读物奖。

这次浙江少年儿童出版社推出我的动物小说品藏书系，选辑我数百万字作品的精华部分，这既是对我动物小说创作的一次集中展示，也是对我今后创作莫大的鞭策和鼓舞。

年轻时，不知天高地厚，曾立下过无数雄心壮志。如今年过半百，两鬓霜白，我才明白这样一个浅显的道理：生命苦短，一个人的精力和能力是有限的，一生中能做好一两件事情就算不错了。对我来说，写好我所钟爱的动物小说，能再写出几部让读者认可的作品来，就是我一生最大的快慰了。

获奖记录

◎《第七条猎狗》(短篇小说) 中国作家协会首届全国优秀儿童文学奖

◎《退役军犬黄狐》(短篇小说) 第六届陈伯吹儿童文学奖

◎《狼王梦》(长篇小说) 台湾第四届杨唤儿童文学奖

◎《一只猎雕的遭遇》(长篇小说) 中国作家协会第二届全国优秀儿童文学奖

◎《狼王梦》(长篇小说) 第二届全国少年儿童优秀图书一等奖

◎《天命》(短篇小说) 1992年海峡两岸少年小说、童话征文佳作奖

◎《象母怨》(中篇小说) 首届冰心儿童文学新作奖大奖

◎《残狼灰满》(中篇小说) 首届《巨人》中长篇奖

◎《沈石溪动物小说自选集》(中短篇小说集) 第三届冰心儿童图书奖

◎《红奶羊》(中篇小说集) 中国作家协会第三届全国优秀儿童文学奖

◎《狼王梦》、《第七条猎狗》(中短篇小说集) 台湾1994年“好书大家读”优选少年儿童读物奖

◎《第七条猎狗》(短篇小说集) 台湾《中国时报》94年度十佳童书奖

◎《保姆蟒》(短篇小说集) 1996年台湾金鼎奖优良儿童图书推荐奖

◎《狼妻》(短篇小说集) 台湾1997年“好书大家读”年度最佳少年儿童读物奖

◎《宝牙母象》(中篇小说) 第十一届中国图书奖

◎《牧羊豹》(短篇小说集) 台湾2000年“好书大家读”年度最佳少年儿童读物奖

◎《刀疤豺母》(长篇小说) 第十三届中国图书奖

◎《藏獒渡魂》(短篇小说) 第十九届陈伯吹儿童文学奖

◎《鸟奴》(长篇小说) 中国作家协会第六届全国优秀儿童文学奖

◎《藏獒渡魂》(中短篇小说集) 2006年冰心儿童图书奖

◎《斑羚飞渡》(短篇小说集) 国家新闻出版总署2007年向青少年推荐百部优秀图书

◎《狼王梦全本》、《狼世界》(中短篇小说集) 国家新闻出版总署2008年向青少年推荐百部优秀图书

珍藏相册

▲ 1965 年,我读中学了,母亲很高兴,带我和姐妹三人合影留念。

▼ 23 岁光荣入伍，从事新闻报工作。那时候穿的还是老式军装。

▲ 1969 年 3 月 7 日。第二天,我就要离开上海到云南插队落户,母亲带着我们姐弟三个到鲁迅公园合影留念。背景是鲁迅的雕像。命运似乎在暗示我要以鲁迅为师学习文学创作。

▼ 1996 年的全家福。我写了几十本书，视力还是 1.5,儿子才上高一,就戴起了 400 度近视眼镜。唉,真让我无语。

▲ 1990 年，云南澜沧大地震，我在余震中进行现场采访。

▲ 1993 年，穿上新式军装，文弱的身体增添了点威武之气。

▲ 在西双版纳那个叫曼广弄的傣家村寨当了两年农民后，1971 年 5 月，我第一次回家探亲。母亲很高兴，在家门口合影留念。

▲ 1998 年金秋，母亲白发苍苍，我也快老啦。

▲ 2008 年，在云南瑞丽景颇山寨擂动木鼓，祭拜太阳神、月亮神和雨神。

▼ 2009 年 5 月，和广东省佛山市铁军小学的同学们在一起。

▲ 当了三十年兵，大部分时间都是在伏案写作，不会舞刀弄枪，只会舞文弄墨，纸上谈兵，谈谈动物什么的。

▼ 1998 年，在西双版纳。《狼王
就是在我身后的这棵棕榈树下
出来并得以完成的。随风婆娑
的棕榈叶和趴在草地上玩耍的
子，给了我绵绵无尽的创作灵感。

▼ 2010 年 3 月，和小读者们一起畅游杭州野生动物世界。

▲ 在小读者的见证下，接过大红聘书，担任“杭州野生动物世界保护动物特别爱心大使”。

▼ 为小读者讲解野生动物知识，孩子们听得津津有味。作家与读者的心灵永远是相通的。

▲ 与杭州野生动物世界的动物明星小猩猩“七毛”合影。它比我更受孩子们欢迎。

图书在版编目(CIP)数据

混血豺王/沈石溪著. 一杭州:浙江少年儿童出版社,2010. 8(2012. 2 重印)

(动物小说大王沈石溪·品藏书系)

ISBN 978-7-5342-6009-4

Ⅰ. ①混… Ⅱ. ①沈… Ⅲ. ①儿童文学-长篇小说-中国-当代 Ⅳ. ①I287. 45

中国版本图书馆 CIP 数据核字（2010）第 118130 号

动物小说大王沈石溪·品藏书系

混血豺王

沈石溪/著

责任编辑 平 静

美术编辑 周翔飞

内文插图 胡志明工作室

装帧设计 小飞侠

责任校对 倪建中

责任印制 林百乐

浙江少年儿童出版社出版发行

地址：杭州市天目山路 40 号

网址：www. ses. zjcb. com

杭州富春印务有限公司印刷

全国各地新华书店经销

开本 880×1230 1/32

印张 9. 25 插页 4

字数 161000

印数 285001－305000

2010 年 8 月第 1 版

2012 年 2 月第 15 次印刷

ISBN 978-7-5342-6009-4

定价:19. 00 元